LA
NOUVELLE ADMINISTRATION
DE LA CORÉE

D'APRÈS LA BROCHURE PUBLIÉE EN JUILLET 1921

PAR

LE GOUVERNEMENT GÉNÉRAL DE LA CORÉE

PARIS

PIERRE ROGER ET Cie, ÉDITEURS

54, RUE JACOB, 54

1922

LA

NOUVELLE ADMINISTRATION

DE LA CORÉE

LA
NOUVELLE ADMINISTRATION
DE LA CORÉE

D'APRÈS LA BROCHURE PUBLIÉE EN JUILLET 1921

PAR

LE GOUVERNEMENT GÉNÉRAL DE LA CORÉE

PARIS

PIERRE ROGER ET Cie, ÉDITEURS

54, RUE JACOB, 54

1922

LA NOUVELLE ADMINISTRATION DE LA CORÉE

CHAPITRE PREMIER

PRINCIPES ESSENTIELS ET NATURE DE LA NOUVELLE ADMINISTRATION

Il est avéré aujourd'hui que le triple objet de l'annexion de la Corée par le Japon était :

1° Mettre sur un pied d'égalité absolue les peuples japonais et coréen.

2° Assurer le bonheur et la prospérité de ces deux peuples.

3° Garantir le maintien de la paix en Extrême-Orient.

Il est d'autre part évident que la haute administration fut dès la première heure fidèle à l'esprit aussi bien qu'à la lettre de ce programme.

En fait, cette union fut le résultat d'une pétition

adressée à l'Empereur et au Gouvernement de la Corée en même temps qu'à l'Empereur du Japon par le parti politique coréen *Ilchin Hoi* (parti dont la plupart des membres appartiennent à la véritable élite intellectuelle du pays). Cette pétition exprimait le désir d'une union plus intime de la Corée et du Japon.

Au temps où cette pétition fut rédigée, le Gouvernement coréen se trouvait complètement désorganisé et presque sans défense contre les entreprises possibles des Grandes Puissances ; cette faiblesse constituait un véritable danger pour le Japon.

Le Gouvernement japonais se garda bien de donner une réponse immédiate et préféra attendre que l'opinion publique se fût prononcée dans les deux pays et ce ne fut que lorsqu'il fut assuré que les deux gouvernements et les deux peuples étaient nettement favorables à l'union des deux pays que le Gouvernement japonais prit une décision ; cette décision ayant pour objet, d'une part d'assurer le bien-être des Coréens en les protégeant contre les exactions de politiciens sans scrupule, et d'autre part, d'empêcher que la Corée ne devînt la cause d'un nouveau conflit.

Cette union s'accomplit en août 1910 sans la moindre opposition et fut plus tard reconnue officiellement par le monde entier.

Depuis lors, les résultats obtenus par la nouvelle administration ont, en général, justifié la décision prise par le Gouvernement japonais.

Les finances et le système monétaire de la Corée ont été réorganisés, les impôts, plus équitablement répartis, sont plus régulièrement perçus, l'extraterritorialité a été abolie, l'autorité des juges a été affermie, l'instruction a été répandue, l'industrie a été encouragée, le nombre des voies de communication a été augmenté, l'hygiène générale a été améliorée et l'ordre a été maintenu. Bref, la Corée ayant, à tous point de vue, fait de grands progrès, l'œuvre civilisatrice peut être considérée comme ayant terminé sa première étape.

C'est pourquoi le Gouvernement japonais a décidé d'exécuter tout un programme de réformes, de façon à adapter l'administration de la Corée aux conditions nouvelles résultant des progrès réalisés.

Les troubles de 1919 retardèrent quelque peu l'exécution de ce programme; cependant, en août 1919, eut lieu une réorganisation complète du Gouvernement coréen, le baron Saito étant nommé Gouverneur général et le Dr. Mitzuno, directeur des services administratifs.

Un rescrit impérial a clairement spécifié l'objet de cette réorganisation. Dorénavant, les Japonais et les Coréens seront considérés comme égaux, la paix de la

Corée et la prospérité de ses habitants seront assurées par une administration libérale, soucieuse du bien-être et de l'évolution intellectuelle du peuple coréen.

Dès leur arrivée à Séoul, le 2 septembre 1919, le baron Saito et le Dr. Mitzuno firent immédiatement connaître, par voie de proclamation, leur volonté d'administrer la Corée avec justice et impartialité, conformément à la lettre et à l'esprit du rescrit d'annexion, ainsi qu'aux désirs exprimés par feu l'Empereur Meiji et par le souverain actuel ; dans cette proclamation était indiqué, dans ses grandes lignes, le nouveau programme administratif.

Pendant les deux années que suivirent, 150 lois ou règlements ont été amendés, des crédits (montant à 280 millions de *yen* pour la seule année de 1920) ont été accordés pour divers travaux, enfin, toutes les réformes qui n'entraînaient pas la revision des lois existantes ou des demandes de crédits supplémentaires ont reçu un commencement d'exécution.

CHAPITRE II

INSTITUTIONS NOUVELLES
ET AMÉLIORATIONS RÉCENTES

I. — ÉGALITÉ DE TRAITEMENT POUR LES JAPONAIS ET LES CORÉENS

Au point de vue administratif, il n'y a plus aucune différence entre les Japonais et les Coréens, l'égalité de traitement étant la base même du nouveau programme.

A. Suppression des inégalités jadis existantes

Naguère les fonctionnaires japonais en Corée jouissaient de certains avantages ; mais les fonctionnaires coréens ayant, à tous points de vue, fait de rapides progrès et amélioré leur mode d'existence, on se vit obligé d'augmenter leur traitement (en 1913 et en 1918). En octobre 1919, le gouverneur général, conformément au désir exprimé par sa majesté l'Empereur du Japon, décréta que dorénavant les fonctionnaires coréens auraient, à égalité de fonctions, les mêmes traitements que leurs collègues japonais ; par suite, tous les traitements des fonctionnaires coréens furent augmentés. D'autre part, les honneurs et les décorations sont aujourd'hui conférés sans distinction de nationalité, toutes les années de service faites depuis 1906 (date de l'établissement de la Résidence générale japonaise en Corée) étant prises en considération.

Dix-neuf Coréens ont été récemment nommés directeurs d'écoles publiques et ce nombre sera rapidement augmenté.

Quant aux juges coréens, on n'exigeait pas d'eux jadis la même somme de connaissances que de leurs collègues japonais ; on leur demandait seulement d'être capables d'instruire et de juger toutes affaires relevant du code civil et dans lesquelles les deux parties étaient des Coréens, ainsi que toutes affaires relevant du code pénal et dans lesquelles les prévenus étaient des Coréens. Or, la compétence des magistrats coréens ayant été récemment reconnue, il a été décidé, en mars 1920, que des juges et des procureurs coréens pourraient prendre part à l'instruction et au jugement de toutes affaires dans lesquelles une des parties serait un Japonais ou un étranger.

En 1912, on n'avait pas osé complètement supprimer la peine du fouet et on s'était contenté d'en régler l'application ; ce ne fut qu'en 1920 qu'elle fut définitivement abolie, abolition qui nécessita la construction de sept nouvelles prisons.

B. Amnistie

A l'occasion du mariage de Son Altesse le Prince Yi de Corée et de Son Altesse la Princesse Nashimoto-no-Miya du Japon, mariage qui symbolisa l'union des deux peuples, la plupart des condamnés des deux pays furent amnistiés. Plus de trois mille Coréens impliqués dans les troubles de 1920 reçurent, soit leur grâce, soit la remise d'une partie de leur peine. Les prisonniers libérés furent autorisés à regagner leur foyer et beaucoup d'entre eux reçurent à cet effet de l'argent et des vêtements.

C. Institutions ayant pour objet l'établissement de rapports cordiaux entre Japonais et Coréens

Le Gouvernement ayant reconnu la nécessité pour les Japonais et les Coréens d'apprendre à se bien connaître;

1° En mai 1920, trente juges et deux conseillers provinciaux coréens furent envoyés au Japon pour y étudier l'état du pays, les services administratifs locaux, les institutions publiques ou privées, etc. En novembre 1920, plusieurs membres du Conseil Central furent invités à visiter Tokio, Kioto, Osaka et quelques autres grandes villes ; on leur fit un excellent accueil, ils furent reçus à Tokio par M. Hara, alors premier ministre, et par ses collègues.

2° On encourage, de toutes les façons possibles, les Coréens à visiter le Japon, les autorités provinciales organisant fréquemment des voyages collectifs. Ainsi l'an dernier, des groupes d'instituteurs, d'institutrices, de fonctionnaires et de notables passèrent quelque temps au Japon.

3° Le Gouvernement général de Corée, ainsi que le Gouvernement japonais, ont recours au cinématographe. En mai dernier, des films très intéressants sur la Corée furent montrés à Osaka, à Kioto, à Nagoya et à Tokio ; d'ailleurs l'usage du film comme moyen d'enseignement va être vulgarisé sous peu.

4° Le Gouvernement général donne à son programme de réformes toute la publicité nécessaire ; il publie à cet effet un journal officiel mensuel et entretient un bureau d'informations chargé de publier des brochures, d'organiser des séries de conférences et de représentations cinématographiques afin de bien faire connaître aux Coréens les intentions et le travail de l'administration ; ce bureau, dont le personnel est composé de fonctionnaires du Gouvernement, a déjà obtenu d'excellents résultats.

En outre, une commission spéciale actuellement présidée par le Dr. Mitzuno, Directeur des services administratifs, et composée de hauts fonctionnaires et de notables compétents, étudie toutes les mesures jugées nécessaires pour amener les Coréens et les Japonais à se mieux connaître.

5° Afin que les fonctionnaires des deux pays soient au courant des méthodes administratives et des travaux exécutés et en Corée et au Japon, il a été décidé de déléguer des fonctionnaires coréens à toutes réunions, séances ou conférences organisées par les autorités japonaises et de faire assister des représentants japonais aux sessions tenues en Corée. Ainsi des préfets de Corée ont assisté, à Tokio, aux réunions des gouverneurs des diverses provinces du Japon, et des fonctionnaires japonais sont allés à Séoul, lors d'une conférence des préfets coréens.

6° Le Gouvernement général de Corée fournit aux touristes japonais, dont le nombre va sans cesse en augmentant, tous les renseignements nécessaires ; il fait même accompagner les voyageurs de marque par des fonctionnaires qui leur servent de guide.

7° L'opinion publique en Corée a évolué dans un sens favorable au Japon, et les Coréens ont cessé de prêter l'oreille aux conseils des agitateurs politiques; on peut dire en somme que la masse s'est ralliée au nouveau régime. Cet apaisement est dû, d'une part au libéralisme du Gouvernement général et, d'autre part à la réorganisation de la police.

A l'occasion de certaines fêtes, les notables coréens acceptent l'invitation du Gouverneur général, et le club le plus aristocratique de Séoul a revisé ses statuts pour que les Japonais y fussent admis. Lors d'une brillante fête organisée par ce club le 13 janvier 1921, la cordialité la plus franche régna entre les invités japonais et leurs hôtes coréens.

II. — SUPPRESSION DU FORMALISME ADMINISTRATIF

Le Gouverneur général ayant promis de supprimer et le formalisme administratif et les formalités qui, naguère, formaient une barrière entre administrateurs et administrés, voici ce qui a été fait :

A. Suppression des uniformes

En août 1919, le règlement obligeant les fonctionnaires civils à porter l'uniforme, et même en certains cas l'épée, fut aboli, l'uniforme étant trop souvent considéré comme le symbole du militarisme. Seuls les gardiens de prison et les douaniers le conservèrent. Toutefois, en Corée comme ailleurs, les juges et les avocats, dans l'exercice de leurs fonctions, portent un vêtement distinctif semblable à celui de leurs collègues japonais.

B. Simplification des formalités administratives

Il n'y a pas longtemps, dans tous les services, tout était mis en œuvre pour centraliser le travail et par suite augmenter la force de l'administration centrale. Depuis la revision des règlements de janvier 1920, de sérieux efforts ont été faits au contraire pour simplifier toutes les formalités et donner des pouvoirs plus étendus aux administrations locales. Ainsi le nombre des rapports que ces administrations devaient périodiquement envoyer à Séoul a été réduit au strict minimum. Quelques mois plus tard, le 1er avril, les principaux chefs de service reçurent certains pouvoirs et le droit de décision jusqu'alors réservé au Gouvernement général leur fut, en partie, transmis. Ainsi maintenant la nomination et l renvoi de subalternes font partie des fonctions des chef de service. Les administrations provinciales sont égale ment chargées de l'entretien des forêts, voies d'eau routes, écoles, etc., et peuvent prendre toutes décision à ce sujet.

Vers la même époque, les règlements concernant le finances furent également revisés et le nombre des percepteurs, receveurs et trésoriers fut augmenté, ce qui simplifia et accéléra l'expédition de la tâche de ces fonctionnaires. Ces nouveaux règlements sont appliqués depuis janvier 1921 et cela au plus grand bénéfice des populations.

III. — SOUCI DE L'OPINION PUBLIQUE

Jadis l'opinion publique en Corée avait quelque difficulté à se faire entendre et, par suite, les mesures adoptées par l'Administration ne répondaient pas toujours aux désirs du peuple. Pour remédier à ce grave défaut, le Gouvernement général a recours aux moyens suivants :

A. Convocation d'hommes influents et publicité faite en faveur des réformes

Les troubles de mars 1919 furent suivis d'une période de mécontentement, la plupart des Coréens se faisant une fausse idée du véritable objet de la politique du Gouvernement. Pour faire cesser ce malentendu, il fut décidé de convoquer à Séoul, en septembre 1919, des notables de toutes les provinces. Entre ces derniers et les Directeurs des divers services administratifs il y eut un échange de vues; des causeries et des conférences firent connaître aux notables les intentions réelles du Gouvernement et les notables purent expliquer aux fonctionnaires la situation de leurs provinces respectives. Il en résulta une meilleure compréhension de toutes les questions d'intérêt général ou local.

B. Envoi de fonctionnaires en tournées d'inspection

Dans le même but, de nombreux fonctionnaires furent envoyés en tournées d'inspection dans les diverses régions de la Corée. C'est ainsi que sept secrétaires visitèrent les provinces en septembre et octobre 1919. Leur mission était double: ils devaient, d'une part, s'assurer de l'effet que les mesures déjà en voie d'exécution avaient eu sur les Coréens et découvrir léur desiderata au sujet des réformes futures, et d'autre par instruire le public de la portée et de la raison d'être des réformes entreprises par le nouveau Gouvernemen général.

Plus tard, au printemps de 1920, les habitants des provinces limitrophes de la Chine étant assez inquiets par suite de l'agitation des proscrits coréens réfugiés hors frontières, quatre secrétaires furent chargés d'aller se rendre compte des conditions d'existence des habitants, de les rassurer et de surveiller l'administration de ces provinces.

Les résultats obtenus ont encouragé le Gouvernement général à multiplier ces missions, et récemment cinq Coréens, choisis parmi les fonctionnaires, ont été nommés secrétaires et chargés de servir en quelque sorte d'agents de liaison entre le Gouvernement et les populations des diverses régions de la Corée.

C. PUBLICATION DE JOURNAUX INDIGÈNES

Avant 1919, il n'y avait qu'un seul journal coréen autorisé; en mars et en avril 1920 parurent, avec la permission du Gouvernement (permission accordée trois mois auparavant), trois quotidiens imprimés en langue coréenne : le *Sisa Simmun*, le *Chosen Ilpo* et le *Dong-a Ilpo*. Quelques journaux provinciaux furent autorisés par la suite.

D. Réunions et séances du Conseil central

Ce Conseil, composé de notables coréens, devait, à son origine, aider de ses avis le Gouverneur général ; mais, avant la récente réorganisation administrative, il fut fort rarement convoqué. Aujourd'hui, c'est à lui que fait appel le nouveau Gouverneur général chaque fois qu'il veut être renseigné sur les mœurs et les anciennes coutumes coréennes. C'est pourquoi les nouveaux règlements concernant les cimetières, les fours crématoires, les enterrements et les incinérations, ainsi que ceux sur les abattoirs ont été soumis au Conseil Central. En outre, ce Conseil a des séances hebdomadaires régulières où sont discutées les diverses mesures administratives qui doivent être appliquées en Corée.

E. Réorganisation du Conseil central

Etant donné son importance grandissante, il a fallu réorganiser ce Conseil, le statut de ses membres ainsi que de son vice-président a été fixé, et le droit de vote n'est plus restreint comme il l'était jadis. D'autre part, on se soucia de choisir comme conseillers des hommes influents de toutes les provinces. La première séance de ce nouveau Conseil eut lieu à Séoul, au début de mai 1921.

F. Convocation des conseillers provinciaux

Les Conseillers provinciaux coréens donnaient jadis leur avis aux Gouverneurs des diverses provinces, quand ces derniers le leur demandaient et devaient, quand ils en recevaient l'ordre, se charger de certaines besognes de nature purement administrative. Mais, comme ils n'avaient pas de tâche déterminée, ils n'avaient jamais été convoqués au siège du Gouvernement général. Le nouveau Gouverneur, désireux et de leur expliquer l'objet de sa politique administrative, et d'être renseigné par eux sur le véritable état de la Corée, convoqua les Conseillers provinciaux le 16 Juin 1920 et, en présence du Directeur des Services administratifs, conféra avec eux et leur donna ses instructions.

IV. — RÉFORME DE L'ENSEIGNEMENT

Jadis, on n'enseignait guère au peuple de Corée que le confucianisme et les méthodes ne pouvaient en aucune façon être comparées à celles actuellement en honneur dans les nations civilisées. Il fallut donc tout d'abord moderniser cet enseignement et établir à cet effet un certain nombre d'écoles : nous devons reconnaître qu'au début, le peuple coréen ne comprit nullement les avantages de l'instruction ; il fallut plusieurs années avant que les parents coréens se décidassent à envoyer leurs enfants à l'école. Toutefois, les résultats obtenus dans les dernières années sont assez satisfaisants et les statistiques de mai 1920 montrent un progrès réel.

Écoles.	Nombre d'écoles.	Nombre d'élèves.
Écoles publiques primaires	594	108 051
Écoles publiques secondaires.	14	3 513
Écoles publiques secondaires (filles)	7	771
Écoles industrielles	25	2 137
Écoles industrielles (élémentaires)	55	1 077
Collèges	6	604
Autres institutions.	702	37 911
Total	1 403	154 064

(Dans cette liste ne sont pas mentionnées les anciennes écoles primaires coréennes, appelées *Kuelpang*.)

Encouragé par les résultats obtenus et par le zèle nouveau manifesté par les Coréens, le Gouvernement a préparé le projet suivant :

A. Établissement de nouvelles écoles publiques primaires et d'écoles secondaires d'État

A la fin de 1919, il existait 556 écoles primaires en Corée, la plupart d'entre elles se trouvaient dans les villes, l'établissement de nouvelles écoles de village avait été décidé et le programme prévoyait une période de huit années pour leur construction. Ce programme a été revisé, et l'on compte qu'en 1923, il y aura au moins une école primaire par trois villages, le nombre total de ces écoles devant être alors de 870.

D'autre part, deux nouvelles écoles secondaires viennent d'être établies.

B. Réforme du système d'enseignement

Jusqu'en ces derniers temps, l'enseignement dans les écoles avait un but purement pratique et les méthodes employées étaient plutôt rudimentaires ; c'est pourquoi le Gouvernement général a décidé de reviser les règlements concernant l'instruction publique en Corée.

Les questions à étudier étant nombreuses et complexes, cette revision demandera un temps assez long. Il a été dès à présent jugé utile de porter le nombre des heures de quatre à six, et d'abaisser l'âge d'admission des enfants à l'école primaire de huit ans à six ans, âge réglementaire au Japon; d'autre part, les écoles secondaires ont été autorisées à organiser un cours complémentaire d'une durée de deux années, et celles qui pourront profiter de cette autorisation se trouveront assimilées aux écoles « intermédiaires » japonaises.

C. Revision des règlements en vigueur
DANS LES ÉCOLES PUBLIQUES SECONDAIRES ET DANS LES ÉCOLES PARTICULIÈRES

Cette revision date de décembre 1919. Depuis lors, l'étude de l'anglais est obligatoire et deux sujets nouveaux ont été ajoutés au programme : « Principes Industriels » et « Principes de droit et d'économie politique ». Les élèves des écoles secondaires des villes sont autorisés à étudier soit le français, soit l'anglais; en outre, on leur enseigne non plus seulement l'arithmétique, mais les mathématiques. Les écoles secondaires ont donc maintenant les mêmes programmes que les écoles japonaises correspondantes.

Depuis mars 1920, toutes les écoles particulières sont autorisées à donner l'enseignement religieux; toutefois, celles qui sont assimilées aux écoles primaires et secondaires, ou aux écoles industrielles ou aux collèges,

doivent donner cet enseignement en dehors des heure
de classe prévues par le règlement. Notons d'ailleur
que cette assimilation n'est nullement obligatoire.

Enfin, certains des règlements concernant le choi
ou la surveillance des maîtres et des professeurs de
écoles particulières ont été soit revisés, soit abolis.

D. Création d'une commission d'enquête
extraordinaire

En vue de l'importance des réformes envisagées, le
Gouvernement général décréta, le 23 décembre 1920, la
création d'une commission extraordinaire d'enquête e
d'étude qui sera chargée de délibérer, à la demande du
Gouverneur général, sur toutes questions concernant
l'enseignement en Corée. Le Directeur des services
administratifs fut nommé président de cette commission et des éducateurs distingués ainsi que quelques-
uns des hauts fonctionnaires du Gouvernement général
furent invités à en faire partie. Cette commission fut
convoquée pour la première fois le 7 janvier 1921. On
s'occupa pendant cette première session, qui dura cinq
jours, de la liaison entre l'enseignement primaire, l'enseignement secondaire et l'enseignement supérieur et
des mesures à prendre pour que l'enseignement donné

en Corée fût le même que celui donné au Japon.

A la suite de longues délibérations, la commission approuva, dans son ensemble, le programme de réformes qui lui avait été remis et émit le vœu qu'après une étude plus approfondie de la question, les autorités présentassent, lors des séances ultérieures de la commission, des projets bien définis, dans lesquels il serait tenu compte des déclarations faites par les membres de la commission.

Il fut en outre décidé que :

1° Le système d'enseignement en Corée sera établi sur le modèle du système d'enseignement de la métropole, dans la mesure où les circonstances et l'état actuel de la civilisation des Coréens le permettront.

2° Même si une institution spéciale était établie pour l'éducation des Coréens, cette institution ne devrait en rien constituer un obstacle au développement de l'enseignement mutuel des Japonais et des Coréens.

3° Une liaison plus étroite doit être établie entre les écoles de Corée et celles de la métropole.

4° La volonté d'apprendre sera tenue en haute estime et toutes les mesures seront prises pour faciliter, autant que les circonstances le permettront, l'accès des écoles à tous ceux qui seront désireux de s'instruire.

E. Établissement d'un programme général
et de principes fondamentaux

Lors de la seconde session, le 2 mai 1921, cette même commission extraordinaire rédigea, sous forme de résolution, la réponse suivante au Gouverneur général qui qui avait demandé d'étudier des projets bien définis :

1. Le système d'enseignement pour la Corée sera établi sur le modèle du système d'enseignement japonais, et cela à quelques modifications près.

a) **Écoles primaires publiques**. — Ces écoles correspondent aux écoles primaires japonaises, mais la durée des études pourra être réduite de six à cinq et voire même à quatre ans, suivant les localités. D'autre part on pourra organiser, dans ces écoles publiques, un cours complémentaire de deux ans.

b) **Écoles supérieures publiques**. — Ces écoles correspondent aux écoles « intermédiaires » japonaises et reçoivent les élèves ayant terminé le cours complet (six années) d'une école primaire publique ou possédant toutes les connaissances jugées nécessaires.

c) **Écoles publiques supérieures de filles**. — Ces écoles correspondent aux écoles supérieures de filles du

Japon et sont ouvertes aux élèves ayant terminé le cours complet d'une école primaire publique ou possédant toutes les connaissances jugées nécessaires.

d) **Écoles de commerce**. — Ces écoles sont semblables aux écoles de commerce japonaises, mais les conditions d'admission en sont très variables.

e) **Cours techniques, cours de préparation à l'Université, cours d'Université**. — Tous ces cours sont semblables aux cours similaires établis au Japon.

f) **Ecole normale d'instituteurs**. — Cette école a deux cours, l'un de six ans ouvert aux élèves sortis des écoles publiques, l'autre aux élèves diplômés d'une Ecole supérieure.

Le durée du premier cours peut être réduite d'une année pour les filles, et celle du second d'une année également pour les élèves âgés de plus de quinze ans et possédant toutes les connaissances requises.

g) **Mesures nécessaires pour assurer le recrutement des professeurs des écoles d'enseignement secondaire**. — 1° Envoi d'élèves aux écoles normales supérieures de garçons ou de filles, à l'école technique ou à l'Université (au Japon).

2° Etablissement d'un cours spécial de pédagogie pratique dans les écoles techniques et à l'Université (en Corée).

2. Les étudiants japonais et coréens seront admis dans les écoles de commerce, les écoles normales, les écoles de préparation aux études universitaires et à l'Université.

3. Les élèves coréens seront admis aux écoles primaires intermédiaires et à l'école supérieure de filles jusqu'alors exclusivement réservées aux élèves japonais, et les élèves japonais seront admis aux écoles similaires jusqu'alors réservées aux Coréens.

4. En ce qui concerne les maîtres des diverses écoles, les règlements en usage dans la métropole seront appliqués en Corée, toutefois la situation des maîtres coréens des écoles primaires et secondaires sera prise en considération.

5. Les règlements japonais sur les écoles particulières seront appliqués en Corée.

6. (Supplément). Les Japonais seront élevés d'après les principes et méthodes appliqués au Japon, toutefois, des mesures seront prises pour que l'étude de la langue coréenne puisse être ajoutée au programme.

Il est bon de faire remarquer que jusqu'à ce jour le

système d'éducation coréen a été absolument indépendant du système japonais et tout à fait différent. Dans les nouveaux programmes, l'étude de la langue coréenne et celle des classiques chinois auront leur place, et d'autre part, l'histoire et la géographie de la Corée seront étudiées à fond.

F. Comité des livres de classe

Ce Comité a été créé en novembre 1920 et sur les mêmes bases que la Commission mentionnée précédemment. Sa première session eut lieu le 12 janvier 1921. Le Comité, auquel fut alors soumis une liste de livres de classe publiés sous les auspices du Gouvernement général et un programme de revision destiné à adapter ces ouvrages aux nouveaux plans d'études, en délibéra mûrement et rédigea un rapport. Dans ce rapport, il fut recommandé que des sous-comités fussent nommés pour étudier la question de la publication des syllabaires coréens et japonais et toutes autres questions résultant de l'emploi en Corée des langues japonaise et coréenne. Le Comité conseillait en outre que les matières présentées fussent plus facilement assimilables et que, notamment dans les livres de morale, une plus grande importance fût donnée aux applications pratiques des principes qu'à l'étude théorique de ces principes eux-mêmes.

Deux sous-comités furent nommés par le Gouvernement général. En outre un comité spécial, composé de linguistes éminents, coréens et japonais fut chargé de préparer le syllabaire coréen. (Avant 1912 l'orthographe coréenne n'était point fixée et le système adopté à cette date par le Gouvernement général est loin d'être complet). Toutefois, les membres de ce Comité ne purent tomber d'accord, par suite des difficultés que présente l'établissement définitif d'un syllabaire coréen.

G. Bourses de voyage et d'étude a l'étranger

Pour élever le niveau de l'instruction en Corée et faciliter l'établissement d'une université et d'écoles d'enseignement supérieur, il a été jugé utile d'organiser le recrutement de maîtres compétents. Conformément à une ordonnance impériale, six maîtres choisis parmi le personnel enseignant des écoles d'Etat et des écoles privées furent en mars 1921 envoyés en Europe et en Amérique pour y continuer leurs études aux frais du Gouvernement, et cela pour une période de deux ans. A leur retour, ils seront nommés à des postes désignés par le Gouverneur général. Un certain nombre de maîtres et de professeurs doivent ainsi tous les ans être envoyés à l'étranger.

En outre, six directeurs ou professeurs ont depuis
l'an dernier été chargés de missions d'étude ou d'enquête en Europe et en Amérique. Ils pourront ainsi,
par la suite, contribuer à l'amélioration des méthodes
d'enseignement.

V. — ADMINISTRATION LOCALE

Après une étude approfondie des conditions d'existence dans les diverses provinces, le Gouvernement
général a promulgué, le 29 juillet 1920, diverses lois et
divers règlements dont l'ensemble ne peut encore être
considéré comme constituant un système donnant à
chaque province son autonomie administrative. En réa-
lité, les masses doivent d'abord être instruites et ce ne
sera que lorsque leur éducation civique sera suffisante
qu'on pourra leur confier la direction des affaires
publiques dans chaque localité.

A. Réforme du système d'administration locale

Naguère ce système était composé, au plus bas degré
de l'échelle administrative, des bureaux de préfectures
dans les villes et des bureaux « Myon » dans les villages,
le budget des écoles publiques étant administré par des
associations scolaires pour les Japonais et des Conseils

d'instruction publique pour les Coréens. Des groupes de notables s'occupaient de l'irrigation des terres. Toutes ces associations étaient autonomes, mais le public n'avait aucun moyen de faire connaître officiellement ses désirs ou ses besoins.

Les membres des Conseils municipaux et les conseillers privés des chefs de village étaient fort peu nombreux, n'avaient que voix consultative et étaient nommés par le Gouvernement; on ne pouvait donc les considérer comme les mandataires du peuple.

Quant aux préfets et aux chefs de village eux-mêmes, les premiers étaient des fonctionnaires de l'Etat et les seconds étaient choisis par le Gouvernement général. Les fonds destinés à l'entretien des écoles publiques étaient gérés par les préfets, les magistrats de districts, ou les Gouverneurs des diverses îles, l'usage des fonds jugés nécessaires aux travaux publics étant laissé à la discrétion des gouverneurs des provinces.

Les conseillers, généralement choisis parmi les hommes les plus influents et du rang social le plus élevé, n'étaient point rétribués.

D'après le nouveau règlement, les Coréens auront une part beaucoup plus grande aux affaires et pourront plus facilement faire connaître leurs désirs et leurs besoins.

Voici sur quelles bases le système administratif local a été revisé :

1. *Administration des villes et des villages*

Des conseils communaux ont été créés dans les villages, ces conseils ayant voix consultative pour toutes questions financières et toutes autres questions importantes, et l'organisation des conseils municipaux (dans les villes) a été modifiée. Dans les villes et dans certains villages, les conseillers sont élus, dans d'autres où l'on craint que les élections ne fassent naître des conflits graves entre les divers partis, ils sont nommés par les magistrats de districts ou par les Gouverneurs des îles, leur choix étant dans une certaine mesure guidé par les notables du village.

2. *Finances scolaires*

Autrefois, les comités spéciaux appelés comités de dépenses scolaires ne s'occupaient que de l'instruction primaire des enfants coréens. Leur statut a été profondément modifié, ces comités sont aujourd'hui chargés des affaires concernant l'éducation en général de tous les Coréens résidant dans les municipalités, les districts et les îles ; ils devront également contrôler la perception des impôts affectés aux dépenses scolaires, les réquisitions de main-d'œuvre et de matériel, la perception de certains loyers, l'émission d'emprunts ainsi que l'inscription aux divers budgets de nouvelles dépenses scolaires.

3. Budgets provinciaux

Les bureaux ou commissions chargés de contrôler les dépenses des provinces ont aujourd'hui des pouvoirs beaucoup plus étendus. Ils sont maintenant chargés, non seulement de la perception de certains impôts, mais du soin de trouver de nouvelles sources de revenus, de toucher des loyers et des droits d'écolage, d'émettre des emprunts, d'inscrire de nouvelles dépenses au budget et d'entreprendre certains travaux d'ordre social. En outre, des conseils provinciaux à voix consultative ont été créés ; les membres en sont nommés par les Gouverneurs des provinces et choisis par eux entre les candidats élus par les membres des conseils municipaux et communaux aussi bien que parmi les résidents les plus qualifiés.

Cette réforme du système administratif local a été effectuée le 1ᵉʳ octobre 1920 et l'élection des conseillers de préfectures, des conseillers municipaux ainsi que des conseillers communaux de certains villages a eu lieu le 20 novembre de la même année. Les Coréens se montrèrent d'abord assez indifférents et ce ne fut

qu'après de nombreuses exhortations qu'ils commencèrent à comprendre l'intérêt que ces élections pouvaient avoir pour eux. Peu avant la date fixée, ils
donnèrent des signes visibles d'enthousiasme et
nombreux furent les Coréens influents qui posèrent
leur candidature. Le résultat des élections fut le suivant :

PRÉFECTURES (VILLES)

	Nombre de votants.	Nombre de votes.	P. 100.	Membres élus.
Japonais.	6 251	5 486	88	134
Coréens	4 713	3 122	66	56

VILLAGES

	Nombre de votants.	Nombre de votes.	P. 100.	Membres élus.
Japonais.	1 399	1 224	88	130
Coréens	1 633	1 198	73	126

Les Coréens élus étaient tous des hommes instruits
et très influents. En beaucoup d'endroits, les Japonais
restreignirent le nombre de leurs candidats et facili-
tèrent l'élection des Coréens qualifiés. Enfin de nombreux Coréens votèrent pour des candidats japonais.

Les membres des conseils des villages où les élections
n'eurent pas lieu furent choisis par le Gouvernement.

Élections et nominations furent terminées le 20 décembre 1920.

La liste suivante est celle des membres des conseils provinciaux :

	Membres nommés par le Gouvernement	Membres élus.	Total
Japonais.	63	24	87
Coréens	56	219	275
Total.	119	243	362

B. PREMIÈRES SÉANCES DES CONSEILS PROVINCIAUX

Les premières séances des conseils ainsi constitués eurent lieu en février et en mars. La durée des sessions fut de cinq à dix jours et la moyenne de présence fut très bonne. L'enthousiasme des membres fut très grand et les relations entre les membres, de même que les relations entre les divers conseils et les autorités, furent très cordiales. Les résultats obtenus sont donc très encourageants.

C. SURVEILLANCE DES ADMINISTRATIONS LOCALES ET TOURNÉES D'INSPECTION.

L'ancien Gouvernement coréen entretenait des inspecteurs chargés de voyager sous un déguisement et

de se rendre compte des travaux des diverses administrations locales. Ces inspecteurs étaient fort utiles, pourtant beaucoup d'entre eux profitaient de leurs situations
pour exiger des redevances des fonctionnaires qu'ils
étaient chargés de surveiller. Aujourd'hui, les fonctions
de chacun sont nettement déterminées et les fonctionnaires ne peuvent plus s'enrichir aux dépens de leurs
administrés.

Toutefois, étant donné d'une part la plus grande
complexité des services et d'autre part l'extension de
pouvoir donnée aux Gouverneurs de province, il a paru
indispensable d'exercer, dans les provinces, une surveillance constante, et de tenir la main à ce que tous les
actes des autorités aient pour objet le bien-être du
peuple. On a également compris la nécessité d'une liaison constante entre les provinces et l'administration
centrale, afin de faire connaître au peuple le véritable
esprit de l'administration et à l'administration les
sentiments les plus intimes du peuple. Dans ce but
le Gouvernement a décidé de nommer deux inspecteurs,
cinq secrétaires et un certain nombre d'employés qui
constitueront le personnel d'un nouveau bureau, lequel
sera chargé spécialement de cette tâche.

D. Création de sous-secrétariats provinciaux

Si des pouvoirs beaucoup plus étendus ont été donnés aux Gouverneurs des provinces, le nombre des affaires dont ils doivent s'occuper a beaucoup augmenté. Le Gouvernement a donc compris la nécessité de créer des postes assez élevés dans la hiérarchie administrative pour seconder ces Gouverneurs, et d'encourager les petits fonctionnaires des provinces à acquérir les connaissances et l'expérience nécessaires pour les remplir. A l'heure actuelle, on vient de nommer dans chaque province deux sous-secrétaires (l'un Japonais et l'autre Coréen), et le nombre de ces sous-secrétaires est appelé à augmenter.

E. Entretien des temples confucianistes et administration des biens religieux

La religion la plus répandue en Corée est depuis longtemps le Confucianisme. Chaque district a son temple. Dans ces temples se réunissent les notables et les lettrés, soit pour y assister à des services religieux, soit pour y délibérer des questions d'art, de philosophie, d'éducation, etc. soit même pour y louer ou condamner publiquement certaines actions intéressant la communauté. Chaque temple est le centre de la vie intellectuelle et religieuse du district ; chaque temple a ses domaines dont les revenus servaient jadis à alimenter le budget de certaines œuvres d'intérêt général.

Or depuis l'établissement des écoles primaires publiques, l'administration de ces revenus a été confiée aux préfets, qui en général les ont employés à la construction et à l'entretien des écoles, et cela au grand déplaisir des lettrés qui ont, à maintes reprises, réclamé le retour aux anciennes coutumes.

C'est pourquoi le Gouvernement vient de décider que dorénavant les revenus des domaines religieux serviraient à assurer l'entretien des temples et la régularité des services et que le surplus serait employé à des œuvres d'éducation générale, les préfets et les magistrats chargés de la répartition de ces fonds devant prendre à ce sujet conseil de certains représentants élus par les lettrés de chaque localité.

F. Abolition des corvées et suppression des expropriations

Sous l'ancien régime, il y avait fort peu de routes en Corée et toutes étaient mauvaises. Dès que la Corée et le Japon furent unis, le Gouvernement s'efforça d'améliorer les voies de communication. En 1915, il fut décidé de construire tout un réseau de grandes routes, de routes et de chemins, et ce programme fut immédiatement mis à exécution. Dans ce but, le Gouvernement fut souvent obligé de réquisitionner la main-d'œuvre, ce qui était une antique coutume en Corée, et de persuader aux propriétaires de faire don des terrains nécessaires à l'exécution de ces travaux. Or, le zèle des fonctionnaires mécontenta parfois les principaux intéressés. C'est pourquoi, en octobre 1919, le Gouvernement décida d'abolir les corvées et d'acheter les terrains nécessaires pour toutes les grandes routes et les routes. Quant aux chemins, il fut décidé, étant donné l'état des finances de la plupart des localités devant participer aux frais de construction et d'entretien, d'autoriser la réquisition de la main-d'œuvre pour la réfection biannuelle et en cas de force majeure. La main-d'œuvre continuera à être réquisitionnée pour la construction et la réfection des chemins vicinaux, mais les matériaux nécessaires seront achetés sur place aux prix des cours. Les réquisitions de main-d'œuvre n'auront lieu qu'aux époques où les paysans ne seront pas absorbés par les travaux de la terre. En ce qui concerne la réquisition des terrains nécessaires, on ménagera les intérêts des propriétaires pauvres.

En avril 1920, les autorités locales ont été autorisées à établir des impôts supplémentaires destinés à faire rentrer l'argent nécessaire pour l'exécution de ces travaux, maintenant que les réquisitions de main-d'œuvre et les expropriations ont été en grande partie supprimées.

VI. — DÉVELOPPEMENT DE L'INDUSTRIE ET DE L'AGRICULTURE

De longs siècles d'exactions et de corruption avaient rendu les paysans coréens fort paresseux et avaient brisé en eux tout ressort d'énergie. Depuis son établissement, le Gouverneur général lutte contre toutes les mauvaises influences et s'efforce de redonner au peuple des campagnes le goût du travail. Il cherche surtout à créer des industries nouvelles et à encourager l'agriculture. Des résultats appréciables ont déjà été obtenus, ainsi qu'on en pourra juger par le tableau suivant donnant la valeur en *yen* de la production pour les années 1910 et 1918 :

Production.	1910.	1918.
Agriculture en général	210 592 973	974 388 140
Marine et pêcheries	7 835 060	30 838 074
Produits manufacturés	31 932 755	162 241 093
Horticulture et arboriculture	10 690 000	61 630 000
Mines	6 067 952	30 838 074
Total	267 118 740	1 234 960 709

Il est également intéressant de noter les progrès suivants :

Production.	1910.	1918.
Riz.	10 405 613 *koku*[1].	15 294 109 *koku*.
Céréales	6 207 623 »	10 078 581 »
Fèves	2 746 358 »	4 868 321 »
Coton.	21 078 836 *kin*[1].	77 904 406 *kin*.
Cocons.	13 931 *koku*.	121 069 *koku*.
Bétail.	703 844 têtes.	1 480 037 têtes.

D'autre part, en 1919, 42 134 *cho* de terrain avaient été reboisés et 119 362 000 arbres avaient déjà été plantés.

Enfin, alors qu'en 1910 il n'existait en Corée que 118 compagnies commerciales (ayant 41 succursales) représentant un capital total de 94 046 000 *yen*, il y en avait, en 1919, 336 (avec 69 succursales) représentant un capital global de 560 672 839 *yen*.

Il est possible que le zèle déployé par les fonctionnaires ait quelquefois dépassé le but et mécontenté le peuple ; c'est pourquoi le nouveau Gouverneur général, tout en continuant la politique de ses prédécesseurs s'efforce de travailler en parfaite harmonie avec tous les commerçants et tous les industriels, et de leur faire

---

1. Le koku = 180 litres 39 ; le kin = 600 grammes ; le cho = 99 ares 17.

comprendre l'esprit même de la nouvelle administration. A cet effet, les mesures suivantes ont été prises :

A. Culture intensive du riz

En vue d'augmenter la production du riz, un projet a été étudié et a déjà reçu un commencement d'exécution en ce qui concerne et l'amélioration des terres et la modernisation des méthodes de culture. On compte que lorsque tous les travaux seront terminés, c'est-à-dire dans quinze ans, la Corée produira 9 000 000 *koku* de riz de plus qu'elle n'en produit à l'heure actuelle, alors que la consommation n'aura augmenté que de 4 400 000 *koku*, ce qui en laissera 4 600 000 disponibles pour l'exportation.

Pour obtenir ce résultat, il faudra transformer en excellentes rizières 427 500 *cho* de terrain. On y parviendra.

1° en améliorant l'irrigation de rizières médiocres,
soit. . . . . 225 500 *cho*.
2° en transformant en rizières des champs non irrigués, soit. . . . . 112 500 »
3° en défrichant des terres nouvelles et en cultivant des terres situées au bord de la mer . . . . .   90 000 »

Ceci est le programme des travaux pour quinze années. Mais le Gouvernement espère doubler encore dans une autre période de quinze années la superficie des terres consacrées à la culture du riz. Il est estimé que l'exécution de ce programme coûtera environ 168 000 000 *yen*, dont une partie sera à la charge du Gouvernement. Le Gouvernement a en effet assuré par une ordonnance de décembre 1920 des subventions à tous les propriétaires désireux de cultiver le riz. Ces subventions ont été fixées à un maximum de :

1° 20 p. 100 des capitaux engagés chaque année dans de nouveaux travaux d'irrigation de rizières déjà existantes.

2° 35 p. 100 des capitaux engagés chaque année dans la transformation en rizières de champs non irrigués.

3° 30 p. 100 des capitaux engagés chaque année dans le défrichement de nouvelles terres.

Pour assurer le succès de cet énorme entreprise, il est indispensable de faire des enquêtes et des travaux préliminaires. Il faut connaître les ressources en eau des diverses régions, étudier les diverses canalisations nécessaires dans les divers terrains et grouper tous ces renseignements de façon qu'ils soient accessibles à toutes les personnes désireuses de cultiver le riz. Cette étude prendra environ cinq années.

Le Gouvernement s'occupe aussi de faciliter à tous les

agriculteurs grands ou petits, des emprunts à faible intérêt.

En ce qui concerne l'amélioration des méthodes de culture, le Gouvernement reconnaît qu'il est indispensable d'encourager les fermiers, de les amener à se servir d'engrais et à choisir les graines de semences, et de les aider à se les procurer. C'est pourquoi il a été décidé d'augmenter le nombre des ingénieurs agronomes dans les administrations provinciales, de subventionner certaines fermes modèles où seront étudiées les valeurs respectives des diverses semences, de prêter aux cultivateurs l'argent nécessaire pour acheter des engrais, etc.

B. ANNULATION DES RÈGLEMENTS
CONCERNANT LES SOCIÉTÉS COMMERCIALES ET REVISION DES RÈGLEMENTS SUR LES MARCHÉS

Les règlements sur les sociétés commerciales datent de 1911. A ce moment, les Coréens étaient pauvres et les Japonais ignoraient les ressources de la Corée. C'est pourquoi, craignant que la libre exploitation des ressources de la Corée ne fût un obstacle à son développement économique, le Gouvernement décida, à titre temporaire, de surveiller les opérations des sociétés commerciales, aucune société ne pouvant s'établir en

Corée sans son autorisation. Or, dans les derniers temps, les Coréens ont fait de rapides progrès dans le domaine économique et commercial, et les entreprises japonaises se sont montrées dignes de confiance. C'est pourquoi le Gouvernement a décidé, le 1er avril 1920, d'abolir toutes les restrictions de l'ordonnance de 1911. Des sociétés commerciales pourront désormais s'établir librement en Corée, à la condition toutefois qu'elles soient légalement constituées, que leurs opérations soient conformes à la loi et ne soient pas préjudiciables à l'intérêt public. Toutefois, les firmes d'agents de change, les sociétés s'occupant de change, de vente ou d'achat de titres et de loteries et les compagnies d'assurance sont encore soumises aux anciens règlements.

Les règlements sur les marchés ont été également revisés pour permettre de surveiller de plus près les opérations portant sur diverses denrées.

C. Création d'établissements d'horticulture
et de pisciculture

La Corée a environ neuf milles de côtes ; les mers qui la baignent sont extraordinairement poissonneuses et abondent en plantes marines. D'autre part, la superficie des terrains boisés s'élève à 16 millions de *cho* et représente 73 p. 100 de la superficie totale de la péninsule. Le Gouvernement s'est depuis longtemps occupé d'encourager l'exploitation méthodique de ces deux sources de richesse et cela avec succès, comme on peut s'en rendre compte en consultant les tableaux des pages 96 et 98. Toutefois, on pense pouvoir, grâce à une étude plus approfondie, obtenir des résultats encore meilleurs. Dans ce but, le Gouvernement a décidé de créer, avant 1923, un certain nombre d'établissements de pisciculture et d'arboriculture, lesquels seront placés sous la direction d'experts techniciens.

D. EXTENSION DES DIVERS TRAVAUX INDUSTRIELS

L'État possède en Corée 5 460 000 hectares de forêts dont 2 730 000 hectares (situés dans les bassins du Yalou et du Toumen) sont exploités par le Bureau des Entreprises Forestières, et le reste par le Gouvernement général. Les forêts vierges doivent être éclaircies. Les espaces dénudés doivent être reboisés. Le Bureau des Entreprises Forestières a, à cet effet, établi cinq succursales, et le Gouvernement général a établi dix nouveaux bureaux. Ces bureaux sont chargés de tous travaux ayant pour objet la conservation des forêts.

Une étude préliminaire du sous-sol coréen, commencée en 1911, a été terminée en 1917. En 1918, le Gouvernement a créé un bureau de recherches géologiques qui est chargé de dresser en quinze ans un tableau exact et détaillé des ressources du sous-sol coréen.

Pour améliorer le rendement des industries agricoles, le Gouvernement entretient en Corée une institution modèle de recherches industrielles. Cette institution a des ramifications dans plusieurs grands centres. Elle publie les résultats de ses recherches scientifiques, aide les éleveurs de bétail et enseigne à tous les agriculteurs les meilleures méthodes de culture. Le nouveau Gouvernement général a donné une grande extension à cette œuvre et en a réorganisé les services de façon à faciliter la tâche des experts.

E. Projet de création d'une commission d'études industrielles

Quoi qu'il en soit, les résultats obtenus jusqu'à présent sont peu de chose auprès des résultats que l'on espère obtenir dans l'avenir, aussi le Gouvernement a-t-il résolu d'établir un plan général de développement de l'industrie coréenne, et, dans ce but, il a jugé nécessaire de s'entourer de tous les conseillers civils possédant la compétence voulue. C'est pourquoi l'organisation d'une commission d'études et de recherches industrielles a été décidée récemment ; cette commission sera composée de fonctionnaires de l'administration et de particuliers, son budget a été approuvé par la Diète impériale et les fonds nécessaires à son établissement ont été votés.

VII. — ŒUVRES PHILANTHROPIQUES

Jusqu'à ces derniers temps, c'était par l'intermédiaire d'une organisation spéciale appelée le *Saisei-In* que le Gouvernement venait en aide aux malades indigents et assurait l'entretien et l'éducation des aveugles et des muets ; il prélevait en outre sur les revenus locaux certaines sommes destinées à subventionner les institutions charitables. Aujourd'hui, un budget régulier est consacré aux œuvres philanthropiques.

A. Œuvres alimentées par les intérêts
de la donation impériale

A l'occasion de l'union du Japon et de la Corée, l'Empereur fit don au peuple coréen d'une somme de 17 398 000 *yen* en titres de rente. Depuis lors, la plus grande partie des intérêts de ce capital a été consacrée :

1° A lutter contre le chômage, soit en procurant du travail aux chômeurs, soit en augmentant la valeur technique des ouvriers agricoles et industriels, soit en distribuant des semences et des outils.

2° A répandre l'instruction en subventionnant les écoles publiques primaires.

3° A venir en aide aux victimes des calamités publiques en leur procurant des vivres, des semences, des outils et même en leur avançant les fonds nécessaires pour reconstruire les fermes, les fabriques et les maisons d'habitation détruites.

En outre, étant donné les grandes modifications des conditions d'existence, il fut décidé, en janvier 1920, de consacrer à ces diverses œuvres une partie de l'argent autrefois distribué aux indigents ; des marchés publics, des établissements de prêts, des cités ouvrières, des établissements de bains, des cliniques gratuites et des agences de placement pour ouvriers agricoles et industriels furent établis dans les principaux centres et l'on commença à s'occuper des orphelins.

B. Aide aux victimes de la sécheresse

En juillet et août 1919, la Corée souffrit de la sécheresse plus qu'elle n'en avait souffert depuis cinquante ans.

Les provinces de Kyongki, de Chougchong, de Wanghai et Pyong-an furent tout spécialement affectées, les récoltes ayant diminué de plus de 4 millions de *koku* et près d'un demi-million de personnes se trouvant réduites à la misère.

Pour leur venir en aide, le Gouvernement conseilla aux propriétaires de réduire le prix du loyer des terres et d'en faire même complètement abandon aux sinistrés. Le Gouvernement donna lui-même l'exemple dans les provinces mentionnées plus haut. Le Gouvernement évita le chômage en faisant faire environ 1.700.000 *yen* de travaux nouveaux et en accordant à certaines entreprises privées des subventions montant à 400.000 *yen*. De plus, il invita des municipalités et des villages de ces régions à former des sociétés de secours mutuels auxquelles la Banque industrielle de Chosen avança 4 millions de *yen*.

Environ un million de *yen* de vivres fut envoyé aux victimes par le Gouvernement. Enfin le Gouvernement encouragea l'importation de vivres en Corée.

Ces mesures ayant été prises à temps, la famine fut évitée.

VIII. — VOIES ET COMMUNICATIONS.

A. Construction et entretien des routes et des voies ferrées

Jadis, les moyens de transport coréens étaient plutôt rudimentaires ; on voyageait à pied, à cheval ou en palanquin ; aujourd'hui le Gouvernement général a réussi à augmenter d'une façon remarquable le nombre des voies de communication.

Le tableau suivant montre les progrès réalisés entre 1910 et 1914.

	Fin de 1910.	Fin de 1919.
Grandes routes.	80 *ri*[1]. 31 *cho.*	474 *ri*[1]. 22 *cho.*
Routes.	119 » 6 »	1 073 » 11 »
Chemins	7 » 2 »	1 961 » 10 »
		(Fin de 1918.)
Chemins de fer d'État. . .	1 085 km, 665	1 855 km, 908
Chemins de fer privés. . .	40 » 885	341 » 247

En ce qui concerne les chemins de fer privés, l'ordonnance sur les chemins de fer privés de Corée, datée de juin 1920, limite la force motrice à utiliser et fixe l'écartement des voies à 4 pieds 8 pouces 1/2. (1 m. 437.) Cette ordonnance réglemente en outre les

1. Le *ri* = 3 kilomètres 927 ; c'est à peu près notre ancienne lieue,

conditions dans lesquelles les compagnies privées peuvent augmenter leur capital, émettre des emprunts ou fusionner entre elles. En avril 1921, une loi spéciale autorisa le Gouvernement à venir en aide aux chemins de fer privés de Corée.

B. Réorganisation du conseil des ingénieurs civils

Ce conseil avait jusqu'à présent comme seule mission d'étudier toutes les entreprises publiques projetées.

Il vient d'être décidé de réorganiser ce conseil de façon à pouvoir ajouter à la liste de ses membres certains hommes privés d'une compétence reconnue, capables de présenter au conseil l'opinion du public en général.

IX. — HYGIÈNE

Depuis l'établissement du Gouvernement général, 19 hôpitaux gratuits ont été ouverts dans plusieurs centres et 186 médecins japonais ont été envoyés en plusieurs localités de l'intérieur comme officiers de santé. Ceci ne suffisant pas encore, le Gouvernement a dressé un plan nouveau et inscrit à son budget supplémentaire de l'année 1921 les dépenses correspondantes.

A. Agrandissement de l'hôpital du gouvernement général et construction de nouveaux hopitaux gratuits

L'hôpital du Gouvernement général se trouve à Séoul et les hôpitaux gratuits des principales provinces sont maintenant très connus du public et ont conquis sa confiance ; toutefois leur équipement et leur importance étant très loin d'être satisfaisants, il a été décidé d'agrandir tous les bâtiments existants, d'augmenter le personnel et d'améliorer les méthodes de traitement. Le projet le plus récent comporte, en outre, la construction, dans 13 nouveaux hôpitaux déjà existants, de salles spéciales et une nouvelle augmentation de personnel. Les dépenses prévue pour l'exécution de ce projet monteront à 10 millions de *yen*.

B. Augmentation, dans les provinces, du nombre des officiers de santé et des médecins, ainsi que des docteurs attachés au service de la quarantaine

L'absence d'officiers de santé rendait très difficile la lutte préventive contre les maladies endémiques ou épidémiques. C'est pourquoi 30 spécialistes et 25 assis-

tants ont été envoyés dans les provinces ainsi que
3o médecins. Naguère, seules les stations de quaran-
taine des sports de Fusan, de Chemulpo et de Wosan
avaient des docteurs dans leur personnel, depuis lors,
des médecins ont été envoyés à Kunsan, Mokpo, Chin-
nanpo et Chongjin.

C. Revision des règlements sur les abattoirs

Jadis ces règlements variaient de localité à localité
et les conditions dans lesquelles les animaux domes-
tiques étaient abattus laissaient fort à désirer du point
de vue de l'hygiène. En décembre 1919, de nouveaux
règlements furent publiés. Ces nouveaux règlements
prennent en considération les vieux usages coréens et
c'est pourquoi il est encore permis de tuer les chiens et
les moutons autre part que dans les abattoirs, et les
cochons ailleurs que dans les locaux spécialement désignés par les Gouverneurs provinciaux.

En ce qui concerne les bestiaux, ils doivent être
abattus dans les abattoirs, sauf en cas d'extrême
urgence ou de force majeure. On s'est efforcé autant
que possible de respecter à la fois les prescriptions de
l'hygiène et les anciennes coutumes coréennes.

D. Etablissement d'un comité central d'hygiène et d'une commission d'études des maladies épidémiques et endémiques

Par suite de l'augmentation du nombre des fabriques, écoles, bâtiments publics, les questions d'hygiène prennent une importance de plus en plus grande ; il a été décidé de créer une organisation permanente chargée de veiller à la santé publique, c'est le Comité central d'hygiène de Corée ; ce Comité est présidé par le directeur des services administratifs et ses membres sont nommés parmi les fonctionnaires ou particuliers compétents. Il est chargé de donner au Gouverneur général, chaque fois que ce dernier fait appel à lui, son avis sur toutes questions d'hygiène. Une Commission spéciale a été en outre nommée pour étudier les moyens de prévenir les maladies épidémiques ou endémiques.

X. — RÉFORME DE LA POLICE

La police de la Corée fut régulièrement organisée, en mars 1910, par le Gouvernement japonais, sur la demande de l'ancien Gouvernement coréen. A cette époque furent promulgués des règlements concernant la création d'une police attachée à la Résidence générale. Le bureau central, les bureaux provinciaux et les postes de police dépendaient tous de la Résidence générale. Le Commandant en chef de la gendarmerie japonaise en Corée devint le chef de toutes les forces de police, les Commandants des corps de gendarmerie des provinces diverses, chefs des diverses polices provinciales et les Inspecteurs de police chefs des postes de police ; ainsi la police et la gendarmerie avaient les mêmes chefs. Le 19 août 1919 parut une nouvelle ordonnance qui réorganisa entièrement la police de la Corée. Un bureau de police indépendant fut créé au Gouvernement général et les Gouverneurs des diverses provinces devinrent les chefs de la police provinciale ; la police de la Corée devint donc absolument indépendante de la gendarmerie. Toutefois, comme il était impossible de remplacer immédiatement les gendarmes par des agents civils, il fut décidé, à titre temporaire, que les officiers de gendarmerie continueraient, pendant un certain temps, à s'occuper de la police dans leur région. Cela dura jusqu'en août 1919. Maintenant, le bureau central de police est organisé et divisé en quatre départements qui s'occupent respectivement de la police ordinaire, de la haute police, du maintien de l'ordre et de l'hygiène. Dans chaque province, un service spécial s'occupe de la police, et dans les villes et dans les districts des postes de police ont été établis, tous les anciens agents auxiliaires ayant été titularisés.

Le tableau suivant fera comprendre la portée de la nouvelle réforme.

AVANT LA RÉFORME

Postes de Police		100
Postes de Police détachés		106
Postes non permanents		535
Gendarmeries		78
Détachements de Gendarmerie		98
Postes de Gendarmerie		876
Officiers de la Haute Police		3
Inspecteurs de Police	26	91 [1]
Brigadiers de Police	187	431 [1]
Agents de Police et Agents auxiliaires	2 616	3 319 [1]
Officiers de Gendarmerie		111
Sous-officiers de Gendarmerie		781
Gendarmes		2 525
Gendarmes auxiliaires		4 749 [1]

APRÈS LA RÉFORME

Postes de Police	247
Postes de Police détachés	1 438
Postes non permanents	121
Total	1 806

1. Coréens.

Inspecteurs de Police	34	14[1]
Brigadiers de Police	304	132[1]
Sous-Brigadiers de Police.	596	266[1]
Agents	7 445	8 088[1]
Total	8 379	8 500[1]

Par suite des difficultés de recrutement, on dut faire venir du Japon environ 1 500 anciens gendarmes et 1 500 officiers et agents de police; en outre 3 300 hommes furent recrutés au Japon et un certain nombre de gendarmes auxiliaires coréens furent engagés comme agents de police. Le Gouverneur a d'ailleurs l'intention d'augmenter encore le nombre des postes de police.

XI. — FINANCES

Depuis longtemps, le Gouvernement général cherchait à rendre les finances coréennes indépendantes des finances japonaises, et, récemment, il offrit de faire abandon des subventions que, depuis 1919, la Corée recevait de la métropole. Toutefois, l'augmentation des dépenses, due aux nombreuses entreprises publiques nouvelles jugées nécessaires au développement économique du pays, modifia quelque peu l'attitude du Gouvernement général; ce dernier continua donc à

1. Coréens.

recevoir des subventions de la métropole pour combler le déficit de son budget ; ainsi, en 1920, ces subventions montèrent à 10 millions de *yen* et en 1921 à 15 millions de *yen*.

A. Résumé du budget pour l'année fiscale 1920

Le budget de 1920 fut soumis à la Diète lors de la session extraordinaire de juillet 1920 ; ce budget se montait à 124 193 529 *yen*, il fut approuvé par la Diète et reconnu exact par le Gouvernement de la métropole. Le quart des dépenses prévues à ce budget fut consacré à l'instruction publique. Il est à noter ici que le budget de 1919 avait été de 56 411 821 *yen*.

B. Budget de l'année 1921

Le budget du Gouvernement général de Corée pour l'année fiscale 1921 dépassa 150 millions de *yen*. Cette augmentation est due surtout aux nouvelles entreprises d'intérêt public décidées depuis la réorganisation du Gouvernement général, et d'autre part à la crise économique qui existe en Corée et qui a certainement fait baisser le rendement des impôts ; d'ailleurs, étant donné l'état d'esprit de la population, le Gouvernement ne pouvait augmenter le chiffre des impôts déjà existants. C'est pourquoi le Gouvernement général décida de faire de la culture et du commerce du tabac un monopole d'Etat et de demander au Gouvernement de la métropole une subvention plus forte que celle de l'année précédente. Ces mesures n'ayant pas suffi à équilibrer le budget, le Gouvernement général est obligé, à titre temporaire, de continuer à frapper de certains droits les marchandises expédiées du Japon en Corée. Pourtant les travaux en cours n'ont pas été suspendus, bien que le chiffre des appropriations ait été proportionnellement réduit pour chacun d'eux. Il est à remarquer que le budget de 1921 est le double de celui de 1919, l'année pendant laquelle le Gouvernement général cherchait à rendre la Corée financière indépendante; ce budget est le triple de celui de 1912, année qui suivit l'union du Japon et de la Corée.

Le tableau suivant permet de comparer les chiffres des dépenses pour 1920 et 1921 :

	1920	1921
Création d'un bureau d'inspecteurs administratifs	45 353	14 279
Réforme de la police	15 203 147	5 372 959
Création de bureaux et installation de téléphone rendues nécessaires par l'augmentation des forces de police. . . .	2 022 278	»
Abolition de la peine du fouet.	722 056	349 545
Construction de prisons rendue néces-		
A reporter	17 992 834	5 726 783

	1920	1921
Report	17 992 833	5 726 783
saire par l'abolition de la peine du fouet	1 200 000	
Entretien des nouveaux systèmes d'administration locale		515 727
Création des sous-secrétariats provinciaux (*Kijikwan*)	73 381	25 770
Organisation des conseils provinciaux, municipaux, de districts et d'îles	226 672	»
Création d'une Commission d'enquêtes pour toutes questions concernant l'enseignement	28 882	4 974
Augmentation des subventions accordées aux écoles primaires japonaises et aux écoles publiques coréennes	668 784	340 672
Perfectionnement du système d'enseignement, bourses de voyage pour les maîtres et professeurs	1 475 193	»
Frais de la mission d'études industrielles	»	50 000
Frais occasionnés par diverses enquêtes, études et expériences	»	194 712
Augmentation des subventions accordées aux diverses entreprises industrielles	»	690 639
Enseignement de la langue coréenne aux fonctionnaires	100 000	50 000
Secours aux Coréens résidant à l'étranger	»	241 868
Amélioration de la solde et du traitement des officiers et soldats coréens	»	31 178
Divers	4 828 188	2 835 286
Total	28 648 192	10 337 183

C. Vente des terres appartenant a l'État

Depuis longtemps, certaines terres appelées *Yoktunto*
sont la propriété de l'État. Jusqu'en ces derniers temps
leurs revenus étaient affectés à certaines dépenses d'intérêt public tel que, par exemple, l'affichage des procla-
mations, etc.

Récemment, on a commencé à mettre ces terres en
location et les loyers ont été ajoutés aux autres revenus
de l'État. Actuellement, le Gouvernement n'a nullement
besoin de ces loyers et, comme un grand nombre de
métayers ont exprimé le désir d'acheter ces terres, il a
été décidé de les vendre aux cultivateurs qui les exploi-
tent en ce moment, le prix d'achat devant être versé en
un certain nombre de payements en une période de
dix ans.

D. Revision du tarif douanier

Pendant les dix années qui suivirent l'union du Japon
et de la Corée, l'ancien tarif coréen resta en vigueur,
et ce ne fut que le 28 août 1920 que le Gouvernement
général décida, avec l'approbation du Gouvernement
japonais, d'appliquer à la Corée les règlements douaniers japonais, certaines exceptions étant faites en
raison de la situation économique du pays. La loi con-

cernant ces exceptions fut approuvée par la Diète Impériale en 1920 et le nouveau tarif entra en vigueur le 29 août 1920. Dans le but d'améliorer les rapports commerciaux entre le Japon et la Corée, il fut décidé d'abolir tous tarifs entre les deux pays. Cependant, comme les droits sur les importations japonaises constituent, pour le Gouvernement général de la Corée, la source la plus importante de revenus, il fut décidé par la suite, à titre temporaire, de continuer à en demander le payement; par contre, les marchandises coréennes peuvent être exportées au Japon sans payer de droits de douane, à condition toutefois que toutes mesures soient prises pour éviter le passage en franchise de certains articles étrangers soumis à une taxe de consommation.

E. Suppression des impôts sur les pêcheries, les transports par eau, le sel, et le « ginseng »

Ces taxes, qui avaient été créées entre 1906 et 1908, étaient lourdes pour les contribuables et rapportaient au plus 140 000 *yen* par an, car les frais de perception absorbaient la plus grande partie de leur revenu, c'est pourquoi le Gouvernement décida qu'elles seraient abolies le 31 mars 1920.

F. Le monopole des tabacs

La création d'un monopole coréen des tabacs était depuis fort longtemps à l'étude, bien qu'on eût autorisé l'établissement de plusieurs manufactures privées, par exemple, celle de la Compagnie des Tabacs Toa (avril 1908). Étant donné les difficultés que présentait la perception de la taxe sur la consommation du tabac et la nécessité dans laquelle se trouvait le Gouvernement d'augmenter ses revenus, il fut décidé que dorénavant en Corée, l'État aurait le monopole de la manufacture du tabac. Le Gouvernement racheta donc les manufactures déjà existantes; les Coréens peuvent d'ailleurs cultiver du tabac pour leur usage personnel. Un bureau spécial dit « Bureau des Monopoles » fut créé en avril 1921.

XII. — RELIGIONS

Depuis longtemps, en Corée, il y a eu une tendance à mêler les affaires politiques et les affaires religieuses, ces dernières ayant, en général, une très grande influence sur le Gouvernement et l'administration du pays, c'est pourquoi un bureau des affaires religieuses a été créé. Ce bureau fait partie du département de l'Instruction publique; il est chargé de l'administration du pays au point de vue religieux et doit étudier toutes les affaires religieuses qui lui sont soumises. En outre, il doit veiller à l'entretien de bons rapports entre le Gouvernement et les missionnaires étrangers. Les mesures suivantes ont été prises à cet effet :

A. Révision des règlements sur la propagande religieuse

Les formalités jadis existantes rendaient la propagande religieuse fort difficile, c'est pourquoi le Gouvernement général a revisé les anciens règlements en avril 1920. Aujourd'hui, pour établir une église, il n'est plus nécessaire de demander une autorisation spéciale, il suffit de faire un rapport au Gouvernement. Ces rapports ont été réduits au strict minimum et les amendes imposées jadis aux personnes contrevenant aux règlements ont été abolies. D'autre part, le Gouvernement s'est réservé le droit de fermer les églises, lorsque ces dernières serviraient à des réunions susceptibles de troubler l'ordre public. Ces réformes ont pour objet de laisser, d'une part, plus de liberté à la propagande religieuse et d'empêcher, d'autre part, la religion de devenir un instrument politique.

B. De la personnalité civile et juridique
des organisations religieuses

Le christianisme étant surtout propagé en Corée par des organisations étrangères, on s'est longtemps demandé si la personnalité juridique devait être reconnue aux communautés religieuses chrétiennes. Cette question vient d'être résolue dans un sens favorable à ces dernières, qui maintenant ont le droit de posséder des terres et des bâtiments. La mission catholique française de Séoul vient, d'ailleurs, d'être officiellement reconnue.

XIII. — RESPECT DES COUTUMES
ET DES MŒURS DES CORÉENS

Le Gouvernement général ayant pour principe de s'efforcer de conserver tout ce qui est bon dans les coutumes, les mœurs et la culture coréennes, a pris les mesures suivantes :

A. Révision des règlements concernant
les cimetières, les crématoires, les enterrements
et les incinérations

De tout temps, les Coréens ont eu le respect du tombeau, car, chez eux, les vieillards sont estimés et le culte des ancêtres est très répandu. D'ailleurs, les principes du *taoïsme* sont tenus en grand honneur et les Coréens croient fermement que la prospérité de leurs enfants dépendra entièrement du respect qu'ils auront montré eux-mêmes pour les tombes de leurs ancêtres. C'est pourquoi les Coréens choisissent avec le plus grand soin l'emplacement de leurs cimetières et de leurs tombeaux. Ils n'hésitent pas à dépenser de très fortes sommes d'argent pour acheter les terrains qui leur semblent le plus propices; ils vont même, dans certains cas, jusqu'à enterrer en secret leurs morts dans des terres qui ne leur appartiennent pas.

Par suite, non seulement certaines terres ont été interdites à la culture, mais encore des querelles violentes ont souvent troublé la paix de certaines régions.

Le Gouvernement général fut donc obligé de préparer un règlement spécial qui, au début, était quelque peu radical, et qui fut revisé en octobre 1919. Aujourd'hui, l'établissement et l'entretien des cimetières sont confiés aux municipalités et aux communes, tous les cadavres devant être enterrés dans des cimetières publics; toutefois, les personnes qui en font la demande sont autorisées à établir des cimetières privés dans des terrains voisins de ceux où reposent leurs ancêtres ou d'autres membres de leur famille, le Gouvernement se réservant le droit d'obtenir le transfert de ces cimetières lorsqu'ils seraient contraires à l'intérêt ou à la santé publics. D'autre part, le Gouverneur de la province a le droit d'imposer certaines restrictions à la construction des nouveaux cimetières privés.

B. Étude de la langue coréenne

Il est indispensable aux fonctionnaires japonais, résidant en Corée, de posséder une assez bonne connaissance de la langue coréenne, la plupart des difficultés que ces fonctionnaires ont rencontrées jusqu'à présent étant dues à leur ignorance de la langue coréenne. C'est pourquoi le Gouvernement général encourage, autant qu'il le peut, l'étude du coréen, surtout parmi les fonctionnaires provinciaux. Dans ce but, il a été décidé d'accorder des indemnités spéciales à tous ceux d'entre eux qui sont arrivés à bien posséder la langue coréenne. Cette décision a été approuvée, l'an dernier, par la Diète Impériale. Dès que les règlements à cet effet auront été publiés, les fonctionnaires japonais au service du Gouvernement général, qui passeront avec succès un examen en langue coréenne, recevront, pendant une période déterminée, une indemnité mensuelle qui pourra s'élever jusqu'à 50 yen.

C. Création d'un comité d'études des anciennes coutumes et institutions coréennes

Toute bonne administration devant être capable de s'adapter au caractère national et aux coutumes de ses administrés, il a été jugé nécessaire que le Gouvernement général chargeât le Conseil central de faire une étude approfondie des mœurs coréennes. Il a été en outre décidé qu'il était indispensable de connaître également les anciennes institutions de la Corée, et un projet a été rédigé à cet effet à la fin de 1920 : on étudiera spécialement l'origine commune des races japonaise et coréenne, les rapports entre les deux peuples dans l'antiquité, les anciennes institutions coréennes chères au peuple ainsi que les mœurs et les traditions dont la connaissance est nécessaire à quiconque veut aujourd'hui s'occuper de l'administration de ce pays. Les sommes jugées nécessaires à ce travail ayant été accordées par la Diète Impériale, un Comité, nommé en avril 1921, est aujourd'hui en train de poursuivre cette étude.

D. Revision de l'ordonnance de droit civil de 1912 et amendement de la loi sur le recensement

Étant donné les progrès accomplis par la Corée depuis

mars 1912, date de l'ancienne ordonnance de droit civil,
le Gouvernement a résolu de la reviser. Quant à la loi
sur le recensement, celle qui avait été rédigée par l'ancien gouvernement coréen était assez rudimentaire. En
janvier 1918, une commission, nommée par le Gouvernement général, fut chargée d'étudier ces deux questions et de rédiger les amendements jugés nécessaires.
Les nouveaux textes furent lus à une réunion tenue le
31 janvier 1921; ces nouveaux textes furent approuvés
par le Gouvernement de la métropole et entrèrent en
vigueur en juin 1921. Conformément aux nouvelles
lois, les mariages entre Japonais et Coréennes et *vice
versa* sont aujourd'hui reconnus comme légaux et
valides.

CHAPITRE III

DES CORÉENS RÉSIDANT A L'ÉTRANGER

La plupart des émigrants coréens se sont fixés en Mandchourie et ont formé des colonies à Hountchoun (*Hunchun*), Ghirin (*Kirin*), Moukden, Toutaokou et Autounghsien. Le nombre des habitants coréens est surtout très grand à Tchoutzoutchech et Lountchingtsoun dans le Tchientao où, après une enquête faite à la fin de 1919, il y en a environ 180.000. On croit que le nombre total des Coréens vivant en Mandchourie s'élève aujourd'hui à 2 millions, le plus grand nombre d'entre eux sont des cultivateurs.

Cette émigration est surtout due à l'augmentation du prix de la vie en Corée ; pourtant, parmi ces émigrants se trouvent quelques proscrits politiques qui rêvent de rétablir, dans leur patrie, l'ancien régime. Ces proscrits, sous le voile du patriotisme, obtiennent, par tous les moyens, de l'argent et des vivres de leurs compatriotes, et, en coopération avec d'autres agitateurs résidant à Vladivostok et à Shanghaï, ils profitent de leur sécurité pour conspirer contre le Gouvernement actuel de Chosen.

Récemment, il est fréquemment arrivé que des bandes de proscrits coréens armées ont franchi la frontière chinoise et fait des razzias dans les villages coréens, attaquant les postes de police, tuant et pillant, et parfois emmenant des otages.

Souvent aussi, ils ont envoyé des émissaires chargés d'assassiner des fonctionnaires et des notables.

Le Gouvernement a fait le plus grand effort pour assurer le maintien de l'ordre dans les régions frontières et, depuis la réorganisation de la police, y a presque réussi.

Les proscrits coréens, en désespoir de cause, organisèrent une bande d'environ 400 hommes et, avec l'aide de bandits chinois et de bolcheviques russes, attaquèrent Hountchoun en septembre 1920. Ils incendièrent le Consulat japonais et, après les avoir pillées, quelques maisons japonaises et tuèrent de nombreux Japonais, Coréens et Chinois, hommes, femmes et enfants. Dans le même temps, les Coréens du Tchientao septentrional, hostiles au nouveau régime, commencèrent à s'agiter et à menacer les Japonais et les autres Coréens résidant dans ces provinces. Le Gouvernement général se vit obligé d'envoyer dans cette région une expédition militaire, forte de six bataillons, et le Gouvernement chinois lui-même y dépêcha des troupes. Après quelques semaines d'opération, les proscrits coréens furent vaincus, 5.000 d'entre eux se rendirent. Maintenant une paix relative règne dans le Tch'ientao, le Gouvernement a pu en retirer la plus grande partie des troupes qu'il y avait envoyées.

Beaucoup de Coréens qui vivent en Sibérie, à Shanghaï, à Hawaï et aux Etats-Unis sont des mécontents politiques qui ont quitté leur patrie au moment de l'union du Japon et de la Corée. Ce sont ceux de Shanghaï qui établirent au printemps de 1919 un soi-disant Gouvernement provisoire de la République de Corée pour y lever des tributs en argent et y distribuer des pamphlets séditieux ayant pour objet d'exciter les Coréens contre le Gouvernement.

Ces agitateurs, souvent en désaccord entre eux d'ailleurs, ont maintenant perdu la confiance du peuple coréen. Ainsi, les conspirateurs de Sibérie qui veulent préparer une révolte militaire ne s'entendent pas avec ceux des Etats-Unis qui préconisent des méthodes moins radicales. A Hawaï, deux groupes se sont formés, l'un qui réclame l'indépendance absolue de la Corée, l'autre qui souhaite que le gouvernement en soit confié à une puissance mandataire.

Il est hors de doute que l'importance de ces mouvements est appelée à diminuer, ainsi d'ailleurs que les résultats obtenus par leur propagande.

Le Gouvernement général s'est d'ailleurs toujours soucié du bien-être des Coréens résidant à l'étranger, surtout de ceux qui se trouvent en Mandchourie ; il a établi dans leurs colonies des écoles et des hôpitaux, y a envoyé des médecins, a contribué à l'établissement de certaines de leurs sociétés et a encouragé la banque de Chosen et la Compagnie de Développement économique de l'Orient à établir des bureaux pour leur seul bénéfice. En outre, en temps de famine, d'inondations ou de sécheresse, le Gouvernement leur envoie des secours en argent, les fonds nécessaires étant prélevés sur l'intérêt de la donation faite par l'Empereur au peuple coréen à l'occasion de l'union du Japon et de la Corée.

En octobre dernier, le Gouvernement a fourni à 50 notables Coréens de Vladivostok le moyen de faire un voyage dans leur patrie ; Ils ont reçu une impression très favorable du nouveau régime et se sont rendu compte de la pacification de la Corée.

Bref, le Gouvernement fait tous ses efforts pour proléger ou aider de son mieux les Coréens vivant à l'étranger contre les agitateurs qui cherchent à les entraîner soit par la persuasion, soit par les menaces.

C'est pourquoi, en mars 1920, les consuls d'Antoung, de Moukden, de Ghirin et de Tchientao ont reçu l'ordre d'agir en qualité de Secrétaires du Gouvernement général et de se tenir en rapports constants avec lui, le Gouvernement étant ainsi parfaitement renseigné sur les conditions d'existence des Coréens résidant en Mandchourie. A la même époque, le Gouvernement a envoyé des représentants dans les centres les plus importants de la Sibérie. Ces envoyés ont fait une enquête concernant le nombre et l'attitude des résidents coréens et se sont préoccupés de les aider à gagner leur vie.

Très prochainement, des Coréens seront nommés à des postes de Vices-Consuls en Mandchourie et en Sibérie et seront tout spécialement chargés de veiller au bien-être de leurs compatriotes.

ANNEXES

I. — RESCRIT IMPÉRIAL ADRESSÉ PAR S. M. LE MIKADO
AU PEUPLE JAPONAIS
A L'OCCASION DE L'ANNEXION DE LA CORÉE

Nous, attachant la plus haute importance au maintien de la paix permanente en Orient et à la consolidation d'une sécurité durable dans notre Empire, et trouvant en Corée de constantes et fécondes sources de complication, avons fait conclure par notre Gouvernement, en 1905, un accord avec le Gouvernement coréen, accord par lequel la Corée était placée sous la protection du Japon, espérant que tous les éléments perturbateurs auraient pu ainsi être écartés et que la paix serait assurée pour toujours.

Pendant plus de quatre ans qui se sont depuis écoulés, notre Gouvernement s'est efforcé avec une attention inlassable de faire progresser les réformes dans l'administration de la Corée, et ses efforts ont été jusqu'à un certain point couronnés de succès ; mais, en même temps, le régime du Gouvernement existant dans ce pays-là s'est montré peu capable de conserver la paix et la stabilité ; et de plus, un esprit de soupçon et de doute domine partout dans la presqu'île.

Pour maintenir l'ordre public et la sécurité, et pour accroître le bonheur et le bien-être du peuple, il est devenu manifeste que des changements fondamentaux dans le système de Gouvernement actuel sont inévitables.

Nous, et S. M. l'Empereur de Corée, ayant en vue cet état de choses et convaincu de même, de la nécessité d'annexer la totalité de la Corée à l'Empire du Japon, pour répondre aux besoins actuels de la situation, sommes maintenant arrivés à un accord au sujet de cette annexion permanente.

S. M. l'Empereur de Corée et les membres de sa Maison impériale se verront accorder, après l'annexion, un traitement dû et approprié. Tous les Coréens passant sous notre pouvoir direct jouiront d'une prospérité et d'un bien-être croissants, et, avec le repos et la sécurité assurés, une expansion notable se réalisera dans l'industrie et dans le commerce.

Nous croyons fermement que le nouvel ordre de choses qui vient d'être inauguré sera une nouvelle garantie de paix durable en Orient.

Nous ordonnons l'institution de l'office de Gouverneur général de Corée. Le Gouverneur général exercera, sous notre direction, le commandement de l'armée et de la marine et un contrôle général sur tous nos fonctionnaires en Corée. Nous invitons tous nos fonctionnaires et autorités à l'accomplissement de leurs devoirs respectifs en se pénétrant de notre volonté, et à l'exercice des diverses branches de l'administration en harmonie avec les exigences de l'occasion à cet effet.

Que nos sujets jouissent pour longtemps du bonheur, de la paix et du repos.

SIGNATURE DE S. M. IMPÉRIALE

(Sceau privé).

Le 29e jour du 8e mois de la 43e année de Mei ji.

Marquis KATOURA TARO,
Président du Conseil des ministres
    et ministre des Finances.

Vicomte TERAUCHI MASAKATA,
    ministre de la Guerre.

Comte KOMURA JUTARO,
ministre des Affaires étrangères.

Baron SAITO MAKOTO,
    ministre de la Marine.

Baron HIRATA TOSUKE,
    ministre de l'Intérieur.

Baron GOTO SHIMPEI,
    ministre des Voies et Communications.

M. KOMATSUBARA YEITARO,
ministre de l'Instruction publique,
    de l'Agriculture et du Commerce.

Vicomte OKABE NAGAMOTO,
    ministre de la Justice.

II. — RESCRIT IMPÉRIAL CONCERNANT LA RÉORGANISATION DU GOUVERNEMENT GÉNÉRAL DE LA CORÉE
(du 19 août 1919)

L'objet de notre politique a toujours été d'assurer la sécurité et la prospérité de notre territoire de Corée, et de veiller à ce que les habitants de ce territoire, qui sont nos sujets bien-aimés, fussent traités équitablement et impartialement à tous points de vue afin qu'ils puissent mener une existence calme et heureuse. Nous sommes persuadés que la situation générale actuelle de ce territoire ainsi que les progrès réalisés justifient aujourd'hui certaines réformes administratives de l'organisation du Gouvernement général de la Corée, et nous ordonnons que ces réformes soient appliquées. Les mesures que nous sommes appelés à prendre sont destinées à faciliter la tâche de l'administration et à donner aux populations, conformément à notre désir, un Gouvernement bon, ferme et éclairé et qui soit adapté aux nouvelles conditions. En vue surtout de la fin de la guerre en Europe et des modifications rapides des conditions d'existence dans le monde entier, nous considérons que de très grands efforts doivent être faits pour développer les ressources nationales et augmenter le bien-être du peuple. Nous faisons appel, à cet effet, à tous les fonctionnaires publics et nous leur demandons de faire tous leurs efforts pour qu'un régime bienveillant soit assuré à la Corée et pour que les populations industrieuses puissent se consacrer à leur divers travaux, jouissent des bienfaits de la paix et contribuent à la prospérité sans cesse grandissante du pays.

III. — PROCLAMATION DU GOUVERNEUR GÉNÉRAL
AU PEUPLE CORÉEN

(LE 10 SEPTEMBRE 1919)

Au moment de mon entrée eu fonctions comme Gouverneur général, le Gouvernement général a été réorganisé, c'est pourquoi je désire adresser au peuple coréen les quelques paroles suivantes :

Dès le premier jour, il a été résolu que la politique de notre administration en Corée aurait pour base le grand principe de l'égalité des peuples Japonais et Coréen et comme objet l'augmentation de leur prospérité et de leur bonheur ainsi que le maintien de la paix en Extrême-Orient. Tous ceux qui successivement ont eu la tâche d'administrer cette péninsule ont parfaitement compris ce principe et se sont efforcés d'élever son peuple et de développer ses ressources. Les Coréens se mirent courageusement au travail et il est maintenant reconnu, à l'étranger comme au Japon, que l'état actuel du développement de la Corée est le résultat des efforts communs. Toutefois, il est avéré que toutes institutions administratives doivent être préparées, décidées et mises à l'œuvre en pleine connaissance des conditions d'existence des peuples et conformément aux progrès accomplis, afin que toutes les mesures puissent être appliquées et bien comprises. Les temps ont changé, et le degré de civilisation auquel la Corée est arrivé est tel qu'il est difficile aujourd'hui de comparer l'époque actuelle aux époques passées. La Grande Guerre européenne est aujourd'hui terminée, le monde et l'état d'esprit de l'humanité ont profondément changé. C'est pourquoi, reconnaissant le fait, le Gouvernement de Sa Majesté a, en revisant les règlements, étendu les pouvoirs et agrandi la sphère d'action du Gouverneur général, réorganisé la police et pris toutes décisions nécessaires pour simplifier et accélérer toutes transactions administratives de façon à mettre l'administration en harmonie avec les tendances progressistes de notre époque. En assumant les présentes fonctions, par ordre de Sa Majesté, j'ai pris la résolution de suivre fidèlement la politique de l'État et de prouver ainsi la justice et les avantages de l'annexion. Je suis décidé à surveiller tous les fonctionnaires sous mes ordres ; je les encouragerai à s'efforcer, plus encore que par le passé, d'agir plus équitablement et plus justement ; ils devront être facilement accessibles. Je suis également résolu à donner aux populations tous les moyens de faire connaître leurs désirs et leurs vœux et suis prêt à supprimer toutes les formalités inutiles. Les candidatures des Coréens seront prises en considération lorsque des nominations seront faites et ils seront assurés d'un traitement équitable ; ainsi nous pourrons utiliser au mieux toutes les compétences. D'autre part, nous conserverons parmi les institutions coréennes et les vieux usages coréens tout ce qui est digne d'être conservé et l'utiliserons comme moyen de gouvernement. J'espère également introduire quelques réformes dans les différentes branches de l'administration, et appliquer, dès que cela sera possible, un système d'administration locale autonome, assurant ainsi une stabilité administrative qui aura comme effet d'augmenter le bien-être de tous. Nous désirons vivement que gouvernants et gouvernés s'ouvrent mutuellement leur cœur et collaborent à l'œuvre de civilisation entreprise par nos prédécesseurs en Corée, et que tous s'unissent pour donner au pays, comme fondation solide, un gouvernement stable et éclairé. Ainsi nous reconnaîtrons la bienveillante sollicitude de Sa Majesté.

Quiconque ayant été reconnu coupable d'avoir, par des actes ou des paroles répréhensibles et injustifiées, induit l'opinion publique en erreur et troublé la paix publique, s'exposera à toutes les rigueurs de la justice.

Nous souhaitons que le peuple accorde à tout ceci une entière confiance.

Baron MAKOTO SAITO,
Gouverneur général de Corée.

Le 10 septembre 1919.

IV. — NOMS DES PROVINCES, DES VILLES
ET CITÉS PRINCIPALES DES DISTRICTS, MONTAGNES, FLEUVES, ÎLES ET BAIES D'APRÈS LA PRONONCIATION JAPONAISE ET LA PRONONCIATION CORÉENNE

PROVINCES

Prononciation japonaise.	*Prononciation coréenne.*
Chusei-do.	Chyung-chyong-To.
Heian-do.	Pyöng-an-To.
Keiki-do.	Kyong-geui-To.
Keisho-do.	Kyong-sang-To.
Kogen-do.	Kang-uon-To.
Kwodai-do.	Hoang-hai-To.
Kankyo-do.	Ham-gyong-To.
Zenra-do.	Chyol-la-To.

SIÈGES DES GOUVERNEMENTS PROVINCIAUX

Gishu.	Wi-ju.
Hei jo.	Pyöng-yang.
Kaishu.	Hai-ju.
Kanko.	Ham-heung.
Kei jo.	Seoul.
Kwoshu.	Koang-jyu.
Koshu.	Kong-jyu.
Kyo jo.	Kyong-syong.
Seishu.	Chyong-jyu.

Prononciation japonaise.	*Prononciation coréenne.*
Shinshu.	Chin-jyu.
Shunsen.	Chyung-chyon.
Taikyu.	Tai-ku.
Zenshu.	Chyong-jyu.

Principaux ports de mer

Chinnampo.	Chinnampo.
Fusan.	Pusan.
Genzan.	Won-san.
Jinsen.	Chemulpo.
Joshin.	Syong-jin.
Kunsan.	Kunsan.
Masan (Masampo).	Masampo.
Mokpo.	Mokpo.
Seishin.	Chyong-jin.
Shin-gishu.	Shin-wiju.

Principaux districts

Hekido.	Pyok-dong.
Junsen.	Syun-chyon.
Kai jo.	Kai-syong.
Kwainei.	Hoi-ryong.
Keiko.	Kyong-heung.
Ki jo.	Ki-syong.
Kisen.	Heui-chyon.

Prononciation japonaise.	*Prononciation coréenne.*
Kozan.	Kap-san.
Kosho.	Hu-chyang.
Maho.	Ma-po.
Ranan,	Na-nam.
Roryoshin.	No-ryang-jin.
Ryugampo.	Yong-gam-po.
Ryuzan.	Yong-san.
Sakushu.	Sak-jyu.
Seihoshin.	Syo-ho-jin.

PRINCIPAUX DISTRICTS

Senzen.	Syon-chyon.
Shojo.	Chyang-syong.
Sozan.	Cho-san.
Suian.	Syu-an.
Taiden.	Tai-tyon.
Torai.	Tong-nai.
Urusan.	Ulsan.
Unzan.	Unsan.
Yeitcho.	Yong-dung-po.

PRINCIPALES MONTAGNES

Chohaku-san.	Chyang-paik-san.
Shohaku-san.	Syo-paik-san.
Taihaku-san.	Thai-paik-san.

Principaux fleuves

Prononciation japonaise.	Prononciation coréenne.
Daido.	Tai-dong.
Kanko.	Han-gang.
Kinko.	Keum-gang.
Oryoku.	Am-nok-kang (Yalu).
Rakuto.	Nak-tong-gang.
Toman.	Tuman-gang (Tumen).

Principales îles

Kyosai.	Ko-jyei.
Saishu.	Chyei-ju.
Utsuryo.	Ul-leung.

Principales baies

Chinkai.	Chin-hai.
Koryo.	Koang-nyang.
Yeiko.	Yong-heung.

V. — POIDS, MESURES ET MONNAIES AVEC LEURS ÉQUIVALENTS ANGLAIS ET FRANÇAIS

Japon.	Grande-Bretagne.	France.
Ri.	2.4403382 miles.	3.9272727 kilomètres.
Ri (de marine).	1.1506873 miles.	1.8518182 —
Ri carré.	5.9552506 square miles.	15.4234711 — carrés.
Cho = 10 tan	2.4507204 acres.	99.1735537 ares.
Tsubo.	3.9538290 square yards.	3.3057851 kilomètres carrés.
Koku = 10 to = 100 sho	39.7033130 gallons.	1.8039068 hectolitres.
« « (liquides)	4.9629141 bushels.	
« « (solides)	$\dfrac{1}{10}$ de tonne.	$\dfrac{1}{10}$ de tonne.
« (tonnage de navire)		
Kwan = 1.000 momme	8.2673297 ibs (avoir.). 10.0471021 » (troy).	3.7500000 kilogrammes.
Kin	1.3227727 ibs (avoir.). 1.6075363 » (troy).	6.0000000 hectogrammes.
Momme	2.1164364 drams (avoir.). 2.4113045 dwts (troy).	3.7500000 grammes.
Yen — 100 sen	2 s. 0. d. 582.	2.583 francs.

VI. — TABLEAUX STATISTIQUES

1. Population (1920)

	Japonais.	Coréens.	Étrangers.	TOTAL
Keiki-do.	90.870	1.689.313	5.492	1.785.675
Chusei-hoku-do	5.883	770.828	622	777.333
Chusei-Nan-do	16.814	1 120.922	1.971	1.139.707
Zenra-Huku-do.	21 254	1.197.670	1.164	1.220.088
Zenra-Nan-do.	26.659	1 927.139	770	1.954.568
Keisho-Hoku-do	28.744	2.082.819	816	2.112.379
Keisho-Nan-do	66.467	1.729.010	796	1.796.273
Kwokai-do.	14.255	1.264 757	1.583	1.280.595
Heian-Nan-do	27.646	1.052.606	2 215	1.082.467
Heian-Hoku-do.	12.040	1 187 243	5.454	1.204.737
Kogen-do.	6.459	1.175 062	473	1.181.994
Kankyo-Nan-do.	15 828	4.211.920	1.535	1.229.283
Kankyo-Hoku-do	14 931	506.789	2 170	523.890
TOTAL GÉNÉRAL	347 850	16.916.078	25.061	17 288 989
1919.	346.619	16.783.510	10.780	17.149.909

Chiffre des naissances et des morts en 1918

	Japonais.		Coréens.		Chiffre des naissances et des morts au Japon.	
	Naissances	Morts.	Naissances.	Morts.	Naissances.	Morts.
Pour 100	24.85	24.02	34.15	30.86	32.19	26.83

2. Professions et Métiers (1920)

PROFESSIONS	Japonais.	Coréens.	Étrangers.	Total
	Nin.	Nin.	Nin.	Nin.
Agriculture, Arboriculture, Élevage . . .	40.839	14.366.589	3.160	14.410 588
Pêche, Extraction du sel.	12.180	217.908	81	230 169
Industrie	39.590	348.813	1 604	390 007
Commerce et Transport	100 275	992 629	14.165	1.107 069
Services publics et professions libérales. .	95 472	256.541	2.824	354.837
Divers	47.919	496.344	3.019	547.282
Professions non déclarées	11 575	237.254	208	249.037
Total général	347.850	16 916 078	25.051	17.288.989

3. Terres cultivées (1920)

PROVINCE	Terres sèches.	Rizières.	TOTAL
	Cho.	Cho.	Cho.
Keiki-do	187.992	199.968	387.860
Chusei-Hoku-do	88.461	69.305	157.766
Chusei-Nan-do	82.623	160.385	243.008
Zenra-Hoku-do	67.735	165.806	233.541
Zenra-Nan-do	207.374	202.509	409.883
Keisho-Hoku-do	202.058	187.775	389.833
Keisho-Nan-do	117.174	160.652	277.826
Kwokai-do	409.502	132.211	541.713
Heian-Nan-do	328.484	63.370	391.854
Hein-Hoku-do	325.370	72.780	308.150
Kogen-do	252.113	78.064	330.177
Kankyo-Nan-do	312.595	41.870	314.465
Kankyo-Hoku-do	196.623	7.358	203 981
TOTAL GÉNÉRAL	2.778.104	1.542.053	4.320.157
1919	2.781.590	1.543.090	4.324.679
1910	1.617.237	847.668	2.464.904

4. Riz (1920)

PROVINCE	Superficie des rizières.	Production.			
		Non glutineux.	Glutineux.	Terres sèches.	TOTAL
	Cho.	Koku.	Koku.	Koku.	Koku.
Keiki-do	201.551	1.714.961	103.965	16.242	1.840.168
Chusei-Hoku-do	69.484	626.374	75.055	2 419	703.848
Chusei-Nan-do	160.647	1 587.948	87.231	9.719	1.684.896
Zenra-Hoku-do	167.047	1.357.214	61.782	3.519	1.422.521
Zenra-Nan-do	206.571	1.768.167	78.655	26.379	1.873.201
Keisho-Hoku-do	187.254	2.197 127	82.597	2.805	2.282.529
Keisho-Nan-do	164.496	1.620.774	69.909	14.279	1.704.962
Kwokai-do	131.895	1.032.600	33.589	2.062	1.068.251
Heian-Nan-do	67.461	555.811	15.674	33.734	605 219
Heirn-Hoku-do	70.960	516.567	28.826	5.501	550.894
Kogen-do	78 090	670.146	25.236	126	695.508
Kankyo-Nan-do	42 046	353.743	31.334	399	385.467
Kankyo-Hoku-do	7.904	58.962	5.926	»	64 888
TOTAL GÉNÉRAL	1 555.406	14.060.394	704.779	117.179	14.882.352
1919	1.537.797	12.057.102	592.027	59 079	12.708.208
1910	1.352.797	9.725.072	582.601	97.940	10.405.613

5. Céréales (1920)

PROVINCE	Superficie des cultures.	Production.			
		Orge.	Blé.	Seigle.	TOTAL
	Cho.	Koku.	Koku.	Koku.	Koku.
Keiki-do	115.466	660.869	170.293	9.381	840.543
Chusei-Hoku-do . .	79.443	542.373	96.511	1.559	640.443
Chusei-Nan-do . .	73.804	524.503	94.306	21.036	639.845
Zenra-Hoku-do . .	52.776	362.092	73.775	39.996	475.863
Zenra-Nan-do . . .	152.582	1.217.465	133.528	94.989	1.445.982
Keisho-Hoku-do . .	223.704	1.483.247	387.423	63.174	1.833.844
Keisho-Nan-do . .	161.475	1.385.243	150.518	78.839	1.614.600
Kwokai-do	142.543	113.793	767.840	3.677	885.310
Heian-Nan-do . . .	53.683	195.967	181.017	31.429	408.413
Heian-Hoku-do. . .	12.823	73.192	5.274	1	78.467
Kogen-do	67.718	275.619	144.632	4.090	424.341
Kankyo-Nan-do. . .	50.177	279.639	38.519	231	318.389
Kankyo-Hoku-do. .	46.295	252.798	2.005	»	254.803
TOTAL GÉNÉRAL..	1.232.490	7.366.800	2.145.644	348.402	9.860.843
1919	1.203.783	7.270.280	1.670.820	361.216	9.302.316
1910	857.593	4.746.936	1.205.972	254.715	6.207.623

6. Fèves et Millet (1920)

PROVINCE	Fèves de soya blanches.	Fèves rouges.	Sorgho.	Millet.
	Koku.	Koku.	Koku.	Koku.
Keiki-do	542.586	83.258	190.957	36.769
Chusei-Hoku-do	233.913	45.526	101 941	352
Chusei-Nan-do	313.395	41.327	11.346	667
Zenra-Hoku-do	170.365	27.463	11.056	52
Zenra-Nan-do.	189.778	22.432	333.190	22 513
Keisho-Hoku-do	733.850	25.540	326.955	8.136
Keisho-Nan-do	352.378	27.559	28.667	11.786
Kwokai-do	554.674	345.952	1.461.743	98.956
Heian-Nan-do	362.508	287.426	1.258.407	111.688
Heian-Hoku-do.	357.768	146.204	810.112	202.250
Kogen-do	334.520	84.644	449.126	65.397
Kankyo-Nan-do.	359.787	65.988	571.502	380.308
Kankyo-Hoku-do	285.675	10.630	481.450	134.455
Total général	4.791.196	1 213.949	6.036 452	1.073.329
1919	3.280.631	460.368	3.816.273	654.764
1910	2.746.358	889.326	3.346.000	841 322

7. Autres principaux produits agricoles (1920)

PROVINCE	Coton.		Chanvre.	Tabac.
	Américain.	Indigène.		
	Kin.	Kin.	Kin.	Kin.
Keiki-do.	4.095	1.996.816	80	145.190
Chusei-Hoku-do . . .	2.901.717	1.251.825	70.560	124.437
Chusei-Nan-do	348.206	204.544	173.827	129.714
Zenra-Hoku-do. . . .	6.980.088	36.353	211.959	68 342
Zenra-Nan-do.	46.795.365	240.994	522.332	84.677
Keisho-Hoku-do . . .	13.437.185	737.330	459	211.103
Keisho-Nan-do	14.860.878	8.701	774.393	247.286
Kwokai-do.	»	5.439.151	151.231	66.973
Heian-Nan-do	40	11.966.003	114.240	506
Heian-Hoku-do. . . .	»	3.043.426	715.685	9.795
Kogen-do	»	1.293.461	1.046.400	75.964
Kankyo-Nan-do. . . .	»	23.290	373.107	3.238
Kankyo-Hoku-do . . .	»	»	»	27.933
TOTAL GÉNÉRAL . .	85.327.574	26.241.894	4.154.413	1.195.158
1919.	86.014.602	11.334.375	4.720.211	3.823.451
1910.	668.151	20.410.685	1.749.740	2.378.872

8. Forêts (mai 1921)

PROVINCE	Forêts à maturité.	Jeunes forêts.	Terres à boiser.	TOTAL
	Mille cho.	Mille cho.	Mille cho.	Mille cho.
Keiki-do.	227	425	63	715
Chusei-Hoku-do	99	296	138	533
Chusei-Nan-do	92	188	189	469
Zenra-Hoku-do.	267	214	50	531
Zenra-Nen-do.	233	590	148	971
Keisho-Hoku-do	184	765	368	1.317
Keisho-Nan-do	125	466	290	881
Kwokai-do.	128	784	93	1.005
Heian-Nan-do	243	661	95	999
Heian-Hoku-do.	879	1.085	431	2.395
Kogen-do	667	960	278	1.905
Kankyo-Nan-do.	1.458	521	565	2.544
Kankyo-Hoku-do	880	330	408	1.618
TOTAL GÉNÉRAL.	5.482	7.285	3.116	15.883

9. Production minière

MINÉRAUX	1920.	1919.	1910.
	Yen.	Yen.	Yen.
Saumon de fer.	8.266.823	10.168 605	»
Minerai de fer.	4.189.848	3 094.573	421.462
Charbon.	3.917.153	2.124.831	388.781
Or.	3 583.465	3.612.701	3.744.957
Agglomérés	1.512.989	1.672.738	246.631
Minerai de fer et d'or. . . .	770.445	1.468.438	262.992
Cuivre brut	516.935	1.906.628	»
Or (terres d'alluvion). . . .	503 047	462.348	821.609
Graphite.	300.047	258.757	153.477
Plomb brut	185.104	243.592	»
Minerai de zinc	79.768	36.236	»
Wulfenite	2.629	35	»
Argent	986	10.061	6.555
Tungsten, ...	»	54.625	»
Minerai de cuivre	»	700	21.488
Divers.		299.642	»
TOTAL GÉNÉRAL	24.204.688	25.414.510	6.067.652

10. **Pêches** (*valeur des prises*)
(1920)

PROVINCE	Valeur des prises japonaises	Valeur des prises coréennes	TOTAL
	Yen.	Yen.	Yen.
Keiki-do	66.693	406.746	473.439
Chusei-Hoku-do	»	3.200	3.200
Chusei-Nan-do	476.370	966.228	1.442.598
Zenra-Hoku-do	617.370	457.533	1.074.903
Zenra-Nan-do	2.972.695	3.595.081	6.567.776
Keisho-Hoku-do	2.469.336	2.014.261	4.483.597
Keisho-Nan-do	9.992.314	3.863.618	13.855.932
Kwokai-do	579.811	1.094.462	1.674.273
Heian-Nan-do	252.266	511.769	764.035
Heian-Hoku-do	200.000	550.000	750.000
Kogen-do	268.144	654.577	922.721
Kankyo-Nan-do	370.775	4.245.445	4.616.220
Kankyo-Hoku-do	684.009	803.440	1.487.449
TOTAL GÉNÉRAL	18.949.783	19.166.360	38.116.143
1919	23.351.271	20.493.313	43.844.584
1910	4.174.462	3.929.260	8.103.722

ii. Banques (1920)

BANQUES		Siège social.	Succursales.	Capital versé.	Fonds de réserve et balance reportée.	Dépôts.	Prêts.
				Mille yen.	Mille yen.	Mille yen.	Mille yen.
Banque de Chosen (Corée)		1	10	50.000	8.158	46.920	77.232
Banque industrielle de Corée . . .		1	52	15.000	964	38.014	85.986
Banques ordinaires	Banques ayant leur siège social au Japon.	»	15	3.100	»	27.817	24.332
	Banques établies en Corée.	21	44	14.950	1.613	26.606	43.146
	Total	21	59	18.050	1.613	54.423	67.478
Total général		23	121	83.050	10.736	139.357	230.696
1919.		17	111	60.003	7.032	125.272	270.647
1910.		11	65	10.091	345	19.549	42.484

12. Associations bancaires populaires (1920)

PROVINCE	Nombres d'associations.	Placements.	Capital.	Prêts.
		Yen.	Yen.	Yen.
Keiki-do.	42	1.022 390	260.000	3.530 759
Chusei-Hoku-do . . .	19	132.970	140.000	1.443.955
Chusei-Nan-do	31	452.400	216.000	2.610.539
Zenra-Hoku-do. . . .	30	390 700	222.000	2.484.252
Zenra-Nan-do.	40	389.990	264.000	2 728.459
Keisho-Nan-do	39	532.640	280 000	3.048.709
Keisho-Hoku-do . . .	35	802.840	236.000	3.127.189
Kwokai-do.	32	246.390	220.000	2.142.724
Heian-Nan-do.	28	367.680	190.000	2.414.703
Heian-Hoku-do. . . .	30	204.214	224 000	2.048.917
Kogen-do	28	247.090	232 000	1.985.679
Kankyo-Nan-do. . . .	25	272.880	182.000	2.377.315
Kankyo-Hoku-do . . .	21	268 020	138.000	1.539.239
TOTAL GÉNÉRAL . .	400	5 330 204	3.804 000	31.382.439
1919. . . . , ...	393	4.414.790	2.795.000	23 009 613
1914.	227	694.300	2.334.120	2.147.278

13. Exportations et Importations (1920)

	Exportations.	Importations.	TOTAL
	Yen.	Yen.	Yen.
Jinsen.	24.569.016	51.253.966	75.822.982
Fusan	74.968.600	54.598.368	129 566.968
Genzan	4.341.348	10.701.118	15.042.466
Chinnampo	24.123 002	17.348.445	41.471.447
Keijo	6.078.206	44.268.968	50.347.174
Gunzan	19.805.631	5.242.903	25.048.534
Hoppo.	12.033.849	4.452.267	16.486.116
Taikyu	2.783.997	7.775.037	10.559.034
Bazan et Chinkai.	4 434.779	2 756.566	7.191.345
Seishin	2.867.526	6 076.799	8.944.325
Joshin.	2.379.884	1.993.691	4.373.575
Shingishu et Ryuganpo. . .	11.713.494	21.372.240	33.085.734
Heijo	1.859 362	11 116 045	12.975.407
Border-line	5.061.400	10.330 131	15.391.531
TOTAL GÉNÉRAL.	197 020 093	249.286.544	446.306.638
1919.	219.665.781	280.786 318	500.452.099
1910.	19.913.843	39.782.756	59.696.599

14. Construction des Ports (mai 1921)

Ports terminés.			Ports non terminés.		
Ports.	Dépenses totales.	Année de l'achèvement.	Ports.	Évaluation des dépenses.	Année de l'achèvement.
	Yen.			Yen.	
Heijo	129.375	1912	Jinsen. . . . . (2ᵉ partie)	2.640.500	1920
Chinnampo . . .	835.000	1913	Genzan	2.643.000	1921
Fusan. . . . . . (1ʳᵉ partie)	4.381.226	1917	Fusan. . . . . . (autres parties)	830.000	1922
Jinsen. . . . . . (1ʳᵉ partie)	3.773.394	1918	Fusan. . . . . . (2ᵉ partie)	8.842.000	1924
Total . . .	9.118.995		Total. . . .	14.955.000	

15. Grandes routes et routes

(1920)

PROVINCE	Longueur des routes terminées.	Longueur du réseau projeté	Proportion des routes terminées.
	Ri. Cho.	Ri. Cho.	°/₀
Keiki-do.	142.03	157.12	90
Chusei-Hoku-do	54.21	96.25	.56
Chusei-Nan-do	63.93	124.17	56
Zenra-Hoku-do.	51.20	102.31	50
Zenra-Nan-do	131.01	183.13	72
Keisho-Hoku-do	139.24	247.15	56
Keisho-Nan-do	142.09	181.28	78
Kwokai-do.	154.31	222.31	69
Heian-Nan-do.	163.01	237.15	69
Heian-Hoku-do	167.02	486.27	34
Kogen-do	177.18	354.20	50
Kankyo-Nan-do.	156.08	378.09	41
Kankyo-Hoku-do	114.09	384.06	30
Total général	1.664.00	3.157.23	53

En 1910, il n'y avait que 200 « ri » de routes et grandes routes dans tout le pays.

16. Education

A) *Ecoles pour Japonais*

ÉCOLES	Fin mai 1920.		Fin 1910.	
	Nombre d'écoles.	Nombre d'élèves.	Nombre d'écoles.	Nombre d'élèves.
Élémentaires.	399	45.699	176	19.197
Secondaires	5	2.197	1	319
Collège de médecins de Keijo.	1	100	»	»
Écoles supérieures de filles	11	2.342	3	613
Écoles industrielles.	4	846	2	288
Écoles industrielles élémentaires	6	498	1	27
Ecole supérieure de commerce.	1	137	»	»
Écoles particulières.	8	1.555	4	331
Écoles enfantines (jardins d'enfants)	20	1.423	8	614

Education

B) Ecoles pour Coréens

ÉCOLES	Fin mai 1920.		Fin 1910.	
	Nombre d'écoles.	Nombre d'élèves.	Nombre d'écoles.	Nombre d'élèves.
Écoles publiques	595	107.282	306	32.384
Écoles supérieures publiques.	14	3.513	3	446
Écoles supérieures publiques pour filles	7	771	2	197
Écoles industrielles.	25	2.158	17	1.094
Écoles industrielles élémentaires	55	1.082	17	479
École spéciale de Keijo . . .	1	125	1	64
Collège de médecine de Keijo	1	164	*1	111
Collège polytechnique de Keijo	1	234	**1	68
École d'agriculture et d'arboriculture de Suigen. . . .	1	39	***1	91
Écoles particulières. . . .	689	37.669	1.467	57.532
Jardins d'enfants.	10	671	»	»
Sohtang	24.030	275.920	16.540	141.604

* Ecole pratique de médecine.
** Ecole technique pratique.
*** Institut d'agriculture et d'arboriculture.

On compte qu'il y aura 305 écoles publiques en 1922.

17. **Asiles de charité (1920)**

	1921.			1920.			
	Garçons.	Filles.	TOTAL	Garçons.	Filles.	TOTAL	
Orphelins	91	49	140	111	56	167	— 27
Sourds-muets . . .	69	15	84	48	9	57	+ 27

18. **Hôpitaux et Médecins (1920)**

PROVINCE	Hôpitaux.		Docteurs.	Médecins auxiliaires (à titre temporaire).	Pharmaciens.	Dentistes.
	Publics.	Privés.				
Keiki-do. . . .	4	32	260	4	615	24
Chusei-Hoku-do .	1	1	21	5	194	1
Chusei-Nan-do . .	1	4	42	2	215	6
Zenra-Hoku-do. .	1	19	49	10	274	6
Zenra-Nan-do . .	4	4	64	11	283	2
Keisho-Hoku-do .	2	6	70	10	524	7
Keisho-Nan-do. .	3	17	118	14	653	21
Kwokai-do. . . .	1	6	90	2	260	12
Heian-Nan-do . .	2	4	118	8	445	8
Heian-Hoku-do. .	2	8	64	1	505	6
Kogen-do	2	3	35	2	240	2
Kankyo-Nan-do .	2	3	64	4	848	3
Kankyo-Hoku-do.	2	5	40	3	320	6
TOTAL GÉNÉRAL.	27	112	1.035	76	5.376	104
1919	28	368	1.066	109	5.438	77
1910	20	140	880	37	1.365	32

Diminution due à l'entrée en vigueur des règlements sur les hôpitaux privés. En 1925, il y aura 13 nouveaux hôpitaux gratuits provinciaux (2 dépendances) et 52 nouveaux médecins.

19. Justice (1920)

	Nombre de tribunaux.	Affaires jugées.		Total des Affaires jugées.	Nombre des pièces.
		Civiles.	Criminelles.		
Cours suprèmes	1	372	158	53o	»
Cours d'appel	3	2 416	2.343	4.759	»
Tribunaux et sous-tribunaux locaux.	63	4o.117	19.960	6o.077	359.555
Greffes locaux	16o	»	»	»	472.112
TOTAL GÉNÉRAL	227	42.9o5	22.461	65.366	831.667
1919	227	35.161	27.02o	62.181	889.885
1910	8o	26.079	7.922	34.oo1	91.413

20. Églises chrétiennes (1920)

ÉGLISES (Missions).	Nombre des Églises.	Personnel (étrangers et indigènes).	Adhérents.
Église méthodiste japonaise	31	12	846
Église chrétienne japonaise	14	4	1.228
Église congrégationaliste japonaise. .	54	89	14.952
Église presbytérienne coréenne. . . .	1.937	1.156	155.400
Église anglicane.	63	65	4.308
Église de la Société des Missions d'Orient	100	116	5.163
Armée du Salut.	6	5	562
Église orthodoxe russe.	241	73	89 333
Église catholique romaine	241	188	12.578
Église méthodiste épiscopale S. . . .	540	525	36.673
Église méthodiste épiscopale N. . . .	47	41	1.039
Adventistes du 7ᵉ Jour.	18	75	1.500
Société orientale de missionnaires . .	1	1	12
TOTAL	3.275	2.360	323.574
1919	3.246	2.490	296.487
1910	1.934	2.603	198.974

21. Fonctionnaires du Gouvernement et fonctionnaires publics (1920)

A) *Fonctionnaires du Gouvernement*

			Japonais.	Coréens.	TOTAL
Fonctionnaires du Gouvernement général	Hauts Fonctionnaires.	Shinnin	2	»	2
			»	5	5
		Chokunin	13	2	15
			»	»	»
		Sonin	134	6	140
			3	»	3
	Autres Fonctionnaires.	Hannin	744	47	791
			1	»	1
Fonctionnaires attachés au Gouvernement général	Hauts Fonctionnaires.	Shinnin	»	»	»
			»	»	»
		Chokunin	29	15	44
			»	23	23
		Sonin	643	275	918
			21	45	66
	Autres Fonctionnaires.	Hanin	7.302	3.975	11.277
			10.604	8.350	18.954
Total	Hauts Fonctionnaires.	Shinnin	2	»	2
			»	5	5
		Chokunin	42	17	59
			»	23	23
		Sonin	777	281	1.058
			24	45	69
	Autres Fonctionnaires.	Hannin	8.046	4.022	12.068
			10.605	8.350	18.955

1. Des 13 gouverneurs des provinces, 5 sont des Coréens.
2. Rangs : Shinnin, nommé directement par décret impérial ; Chokunin, nommé par décret impérial, sur recommandation du premier ministre ; Sonin, nommé avec l'approbation de Sa Majesté ; Hanin, nommé par les chefs de service, après concours.

B) *Fonctionnaires publics.*

	Japonais.	Coréens.	TOTAL
Perceptions locales	1.385	510	1.895
« Fu »	203	65	268
« Men »	100	44.896	44.996
Total	1.688	46.471	47.159

C) *Employés des Services publics.*

	Japonais.	Coréens.	TOTAL
Membres des Conseils provinciaux . .	87	275	362
Membres des Conseils « Fu ».	133	57	190
Membres des Conseils « Men »	645	23.515	24.160
Comités des Chambres de commerce .	148	41	189
	19	10	29
Total	1.013	23.888	24.901
	19	10	29

D) *Total général.*

	Japonais.	Coréens.	TOTAL
Fonctionnaires du Gouvernement . .	8.887	4.320	13.187
	10.629	8.423	13.052
Fonctionnaires publics.	2.445	47.585	50.030
Employés des Services publics	1.013	26.543	27.556
	19	10	29
Total	11.568	75.334	87.902
	10.648	8.433	19.081

22. Présidents et Chefs des divers services des Banques et des Compagnies (juillet 1921).

	Japonais.	Coréens.	TOTAL
Présidents ou Chefs de service	579	145	724
Total	579	145	724

TABLE DES MATIÈRES

CHAPITRE I

CHAPITRE II

CHAPITRE III

DES CORÉENS RÉSIDANT A L'ÉTRANGER 72

ANNEXES

Imprimerie de J. DUMOULIN, à Paris. — 1032.7.22

9 782329 197111